Retour sur l'origine du profit

Collection « L'esprit économique »

fondée par Sophie Boutillier et Dimitri Uzunidis en 1996
dirigée par Sophie Boutillier, Blandine Laperche, Dimitri Uzunidis

Si l'apparence des choses se confondait avec leur réalité, toute réflexion, toute Science, toute recherche serait superflue. La collection « L'esprit économique » soulève le débat, textes et images à l'appui, sur la face cachée économique des faits sociaux : rapports de pouvoir, de production et d'échange, innovations organisationnelles, technologiques et financières, espaces globaux et microéconomiques de valorisation et de profit, pensées critiques et novatrices sur le monde en mouvement...
Ces ouvrages s'adressent aux étudiants, aux enseignants, aux chercheurs en sciences économiques, politiques, sociales, juridiques et de gestion, ainsi qu'aux experts d'entreprise et d'administration des institutions.

La collection est divisée en six séries :

Dans la série *Economie et Innovation* sont publiés des ouvrages d'économie industrielle, financière et du travail et de sociologie économique qui mettent l'accent sur les transformations économiques et sociales suite à l'introduction de nouvelles techniques et méthodes de production. L'innovation se confond avec la nouveauté marchande et touche le cœur même des rapports sociaux et de leurs représentations institutionnelles.

La série *Economie formelle* a pour objectif de promouvoir l'analyse des faits économiques contemporains en s'appuyant sur les approches critiques de l'économie telle qu'elle est enseignée et normalisée mondialement. Elle comprend des livres qui s'interrogent sur les choix des acteurs économiques dans une perspective macroéconomique, historique et prospective.

Dans la série *Le Monde en Question* sont publiés des ouvrages d'économie politique traitant des problèmes internationaux. Les économies nationales, le développement, les espaces élargis, ainsi que l'étude des ressorts fondamentaux de l'économie mondiale sont les sujets de prédilection dans le choix des publications.

La série *Krisis* a été créée pour faciliter la lecture historique des problèmes économiques et sociaux d'aujourd'hui liés aux métamorphoses de l'organisation industrielle et du travail. Elle comprend la réédition d'ouvrages anciens, de compilations de textes autour des mêmes questions et des ouvrages d'histoire de la pensée et des faits économiques.

La série *Clichés* a été créée pour fixer les impressions du monde économique. Les ouvrages contiennent photos et texte pour faire ressortir les caractéristiques d'une situation donnée. Le premier thème directeur est : mémoire et actualité du travail et de l'industrie ; le second : histoire et impacts économiques et sociaux des innovations.

La série *Cours Principaux* comprend des ouvrages simples, fondamentaux et/ou spécialisés qui s'adressent aux étudiants en licence et en master en économie, sociologie, droit, et gestion. Son principe de base est l'application du vieil adage chinois : « le plus long voyage commence par le premier pas ».

Marian WIELEZYNSKI

Retour sur l'origine du profit

Et si l'économie changeait de paradigme…

L'Harmattan

5-7, rue de l'École-Polytechnique ; 75005 Paris

http://www.editions-harmattan.fr/

ISBN : 978-2-343-14570-9
EAN : 9782343145709

« – Je vois, hélas, dit Bernard, que la réalité ne vous intéresse pas.
– Si, dit Edouard, mais elle me gêne. »
André Gide. *Les Faux-monnayeurs*. 1926. Folio, p. 190.

INTRODUCTION

Lorsque l'entreprise PERNOD décide, le 15 mars 2003, de distribuer un acompte sur dividende à ses actionnaires, elle est loin de se douter qu'elle déclenche une recherche inédite sur les bases de la science économique. Il ne s'agit pas du montant de l'acompte à proprement parler — 1,35 euro par action — mais du fait que la décision prise est partagée instantanément sur les réseaux sociaux et arrive ainsi jusqu'à moi.

En effet, je viens alors de m'inscrire à une « alerte » sur le moteur de recherche Google concernant le terme « acompte sur dividende ». Dès lors, à chaque occurrence de ce terme sur le Web francophone, je suis averti. Ce jour-là, l'acompte sur dividende de l'entreprise PERNOD est le premier à venir se poser dans ma messagerie électronique, comme la colombe porteuse d'un rameau d'olivier dans son bec, annonce au navigateur que la terre est proche. L'alerte venait de commencer à fonctionner et fonctionne encore aujourd'hui. Depuis cette date, sans interruption, je vois s'afficher régulièrement sur mon écran les communiqués financiers publiés par toutes sortes d'entreprises payant d'avance une part de leur profit espéré, encore inconnu à ce stade, et désireuses de le faire savoir. Ma base de données compte maintenant un grand nombre d'observations documentées et ne cesse de s'étoffer. Elle permet de nourrir une réflexion fructueuse sur la matérialité de l'origine du profit.

Il est temps aujourd'hui de faire connaître le fruit de ces observations. Si elles sont reconnues utiles et si elles sont prises en considération, alors la recherche peut continuer.

L'acompte sur dividende

Il convient sans doute, pour commencer, d'expliquer d'abord ce qu'est « l'acompte sur dividende » et le rôle qui lui est imparti.

Dans la Science économique il est rarement identifié comme tel. Il se nomme plutôt « avance financière », terme qui demeure vague et imprécis. Or, lorsqu'il s'agit de capital et de profit, l'observation des faits permet de dévoiler entièrement des vérités inattaquables et c'est en cela que consistent les authentiques progrès de cette science.

Qu'observons-nous ?

Quelque soit le secteur, y compris celui des banques et des sociétés financières, il faut attendre la clôture des exercices et des bilans pour connaître les profits et décider de leur distribution ou de leur mise en réserve. Il faut les calculer et les valider. Cela prend un certain temps. Au moment du passage d'une période d'activité qui dure généralement un an, à la suivante, toutes les dépenses de l'entreprise n'ont pas été comptabilisées, toutes les recettes n'ont pas été enregistrées et tous les impôts et charges n'ont pas été acquittés. Il est donc improbable de connaître avec exactitude le montant du profit disponible à l'instant « t » de la clôture de la période d'exercice. Un certain délai s'impose nécessairement pour déterminer le profit, de même que sur une partition musicale, il faut attendre la fin de la mesure pour écrire l'accord approprié aux notes qu'elle contient.

En France, la loi donne neuf mois au maximum, au Conseil d'Administration pour affecter le résultat à qui de droit.

Or, les entrepreneurs et les actionnaires ont besoin de ressources en continu pendant la production, pour faire face à leurs dépenses courantes et ils ne sauraient attendre que les comptes sociaux de l'année soient arrêtés définitivement pour percevoir enfin leurs dividendes. Le besoin est toujours pressant. Les raisons invoquées sont nombreuses et variées : paiement d'impôts, appels de marge, règlements de fournisseurs de toutes sortes, opportunités d'investissements, panique, etc. Cette impatience peut parfois devenir exagérément vorace et prédatrice, au détriment de la survie même de l'entreprise.

Il convient donc, dans l'intérêt général, de fixer des limites au comportement des propriétaires du capital. Les bornes mises à cette frustration se trouvent dans les règles et usances que la société met en place dans la gouvernance. La solution institutionnelle existe, réglementée en France par le Code de Commerce : c'est l'acompte sur dividende.[1]

Ce payement se décide en conseil d'Administration et en toute souveraineté, sans référence à l'Assemblée Générale des actionnaires. Des procédures sont à respecter : la trésorerie doit être disponible et la reconstitution des avances financières faites sous cette forme, doit être prévue au cours des opérations commerciales à venir.

Ainsi, il est tout à fait possible de distribuer par avance une partie des dividendes attendus. Ces acomptes sur profits peuvent en toute légalité être payés aux actionnaires, alors que l'année n'est pas officiellement terminée, ni l'exercice clos. Ils seront déduits des montants de dividendes définitifs, validés par l'Assemblée Générale Ordinaire des actionnaires. Patrick Ricard (1945-2012), autodidacte, Président de PERNOD, avait lui-même décidé que chaque année les actionnaires recevraient un acompte dont le montant s'élèverait à la moitié du dividende de l'année précédente. Le payement devait se faire un mois avant la fin de l'exercice. La tradition continue aujourd'hui, reprise par de très nombreuses sociétés.

Autrement dit, dans cet exemple, une partie des bénéfices peut être distribuée en étant prélevée sur la trésorerie disponible, mais en étant imputée à la vente future et virtuelle de bouteilles de pastis qui ne sont pas encore fabriquées.

Comment ces avances financières sont-elles reconstituées ?[2]

---

[1] Article L232-12 du Code de Commerce :
Lorsqu'un bilan établi au cours ou à la fin de l'exercice et certifié par un commissaire aux comptes fait apparaître que la société, depuis la clôture de l'exercice précédent, après constitution des amortissements et provisions nécessaires, déduction faite s'il y a lieu des pertes antérieures ainsi que des sommes à porter en réserve en application de la loi ou des statuts et compte tenu du report bénéficiaire, a réalisé un bénéfice, il peut être distribué des acomptes sur dividendes avant l'approbation des comptes de l'exercice. Le montant de ces acomptes ne peut excéder le montant du bénéfice défini au présent alinéa. Tout dividende distribué en violation des règles ci-dessus énoncées est un dividende fictif.

[2]

Raison sociale	Date de clôture	Date de paiement	Acompte par action	Nombre d'actions	Montant versé
Pernod	31/12/2003	15/03/2003	1,35	70 484 081	95 153 509

Les hommes d'affaires, après les avoir payés bien avant l'Assemblée Générale Ordinaire, les déduisent des dividendes à distribuer après.

Il existe donc une différence entre les profits payés d'avance, sur la base d'un bénéfice espéré et les coupons détachés après l'approbation des comptes clos, une fois connu le bénéfice réel.

Les premiers sont calculés par l'entrepreneur pour "assurer sa propre subsistance" – comme disaient les Classiques--, alors que les seconds sont mesurés, rigoureusement, au centime près, sur le marché, déterminés par l'offre et la demande. Les avances financières sont ainsi le produit d'une décision autonome, expression de la volonté d'un entrepreneur et d'un Conseil d'Administration. En ce qui les concerne, les dividendes à distribuer –ou pas— sont, validés par une Assemblée générale Ordinaire d'actionnaires plus ou moins bienveillants à l'égard des administrateurs, sur la foi de résultats certifiés obtenus sur les marchés. Il n'y a pas de rapport évident, semble-t-il, entre les profits espérés et les profits constatés. Le consensus des analystes n'est pas toujours homogène et les objectifs fixés ne sont pas systématiquement les objectifs atteints. La question qu'il faut alors se poser est de savoir pourquoi il y a une différence et quel effet l'acompte sur dividende a-t-il sur l'équilibre général de l'offre et de la demande. Quelle est sa grandeur ? Faut-il le mentionner ? Permet-il de résoudre l'énigme de l'origine du profit ?

Cette grandeur donne l'impression de ne pas être significative. Aucun économiste sérieux n'évoque l'acompte sur dividende, tant il lui paraît irrégulier, incongru, voire insignifiant, sinon malhonnête. Bref, évoquer cette question, c'est se montrer d'une platitude inconvenante.

Or, l'observation montre qu'il est au contraire très courant, généralisé, indéniable, polymorphe et consubstantiel au capitalisme. Si l'on y ajoute l'autofinancement des investissements par les entrepreneurs, sans passer par les ménages, ni même par les banques, rarement pris en compte dans les modèles, l'importance des avances financières devient évidente pour le fonctionnement des marchés, aujourd'hui privés de repères sur le lien entre les profits espérés par les entreprises et les profits constatés dans la réalité.

L'économiste français né à Lyon, il y a 250 ans, le 6 janvier 1767, Jean-Baptiste Say, donne son nom à une loi qui s'est imposée, appelée aussi « **loi des débouchés** », en l'énonçant sous la forme « c'est la production qui ouvre des **débouchés** aux produits » ou « l'achat d'un produit ne peut être fait qu'avec la valeur d'un autre ». Cette loi est devenue incontournable[3].

Tout part de l'Offre et de la Production, et c'est là l'origine du profit. Quelle erreur ! Telle est l'illusion à combattre et à réfuter.

En fait, la pratique des avances financières codifiées et reconnues dans les règles et usances du capitalisme, existe depuis toujours. Cependant, elle n'est pas prise en compte par les auteurs, qui la minimisent, la refoulent et la dénient. Si elle est mentionnée, elle est reléguée au magasin des accessoires. Or, de nombreuses observations montrent que les acomptes sur dividendes, dans de nombreuses entreprises sont nettement plus élevés que les dividendes approuvés par l'Assemblée Générale Ordinaire des actionnaires. L'avance financière n'est pas prise en compte dans le déroulement de l'échange parce que l'économiste ne peut envisager que l'effet précède la cause, c'est-à-dire, ici, que le profit se paye d'avance.

Si le profit constaté n'est pas à la hauteur du profit espéré, l'économiste se perd dans des explications exogènes sur la Conjoncture, le Cycle et la Crise, et sur la manne tombée —ou pas— du Ciel.

En réalité, l'observation des faits dévoile que c'est précisément parce que l'avance financière distribuée n'est pas proportionnée de manière appropriée — parfois par excès, parfois par défaut, mais toujours par ignorance— aux autres grandeurs de l'économie, que les profits préalablement espérés sur la foi de calculs de maximisation, ne sont ni présents, ni réalisables à l'heure des bilans. En général, aujourd'hui, lorsque les prévisions de profit sont déjouées, les

[3] Exemple tragique : j'aurais bien aimé convaincre Bernard Maris (1946-7 janvier 2015) s'il n'avait été assassiné à « Charlie-Hebdo », lui qui écrivait dans *Antimanuel d'économie*. Bréal Paris 2003 :
P.113 : « Say a proposé une loi de l'équilibre automatique, que l'on peut résumer ainsi : " l'offre crée sa propre demande". Si offre il y a, demande exactement compensatoire il y aura, donc équilibre et harmonie. La loi de Say est un principe redoutable de bon sens, et extrêmement puissant. »
P. 115 « Que peut-on dire contre la loi de Say ? Rien. »

économistes se couvrent la tête de cendres et nous font endurer leurs élucubrations les plus débridées.

Ils nous disent qu'il ne saurait y avoir de surproduction générale, que l'offre crée la demande, que vos revenus sont mes coûts et que vos coûts sont mes revenus. Ainsi, le profit espéré est présent immédiatement dans la production et demeure utilisable dans la consommation. Par conséquent, ils sous-entendent, sans jamais mettre ce fait en évidence dans les modèles, que les profits ont été payés d'avance à ceux des consommateurs —principalement les actionnaires— dont c'est le revenu courant. S'il n'en est pas ainsi, la consommation doit engendrer ex-nihilo un profit dont elle ne dispose en fait que si la production est vendue. C'est une absurdité. La consommation issue du profit et le profit issu de la consommation sont des catégories contradictoires, exclusives l'une de l'autre. Si la consommation dégage du profit, elle n'en est pas à l'origine car le profit doit lui préexister pour lui être utile et pour lui permettre de s'exercer sous forme de pouvoir et de vouloir d'achat.

Les banques elles-mêmes sont en quête de marges et de profits qu'elles se payent d'avance.[4]

Dans ces conditions, où les avances financières sont dissimulées, il n'y a aucune raison logique, endogène au modèle, pour que le profit espéré, stimulant déclencheur nécessaire de la production, soit identique au profit réalisé. Pour sortir de la confusion, il est nécessaire de revenir à un principe de réalité : introduire dans la science économique une nouvelle catégorie à mesurer — embryonnaire chez les seuls Physiocrates (1750-1770, environ)—: l'Avance financière.

Soient A et B deux producteurs qui démarrent leur production. Si A n'avance pas une part de ce qu'il espère retirer de la vente de ses produits, et si, de même, B n'avance pas une part de ses recettes espérées, l'échange entre eux n'a pas lieu, les marchandises restent sur les étagères, les travailleurs restent chez eux et l'histoire s'arrête là.

La disponibilité du profit dès la production et son utilisation sous forme d'avance financière dans la période même, pour la

[4] Exemple du premier acompte de HSBC en 2003, en euros

Raison sociale	Date de clôture	Date de paiement	Acompt e	Nombre d'actions	Montant versé
HSBC	31/12/2003	24/03/2003	0,30	10 797 256 911	3 239 177 073

consommation ou l'autofinancement, est une représentation intellectuelle spécifique. Pour appréhender le plus aisément possible les formes que prend le concept de profit, il est utile de se fonder sur les dividendes. Il s'agit là précisément, d'un point de départ pour obtenir des observations mesurables, issues de l'histoire des faits économiques.

Après avoir rappelé l'origine maritime des dividendes, il faut décrire la circulation des capitaux en évoquant la "noria", devenue un paradigme essentiel de la science économique.

La noria, dénommée ainsi en arabe médiéval, est une structure en chapelet de supports qui élèvent des charges, principalement hydrauliques, et les déversent, de manière continue, à partir de rivières ou de puits.

En position verticale d'élévation, cette structure s'articule autour d'un axe.

Mais ce mouvement rotatif peut se concevoir à l'horizontale entre deux points de rupture de charge, que sont les ports maritimes, par exemple. Avec la « maritimisation » des activités économiques et financières, cette notion a influencé les raisonnements des observateurs.

Il faut ensuite présenter les observations sur les profits payés d'avance à l'époque contemporaine et les leçons à en tirer.

CHAPITRE 1

L'origine maritime des dividendes

Il y a 250 ans, la réflexion économique commence à peine à "naître des temps modernes" et les catégories économiques qu'elle envisage sont imprégnées de références à l'activité la plus remarquable à cette époque : le commerce maritime.

Le mot "dividende" est depuis le XVIème Siècle déjà utilisé par les Hollandais pour désigner les parts distribuées aux armateurs et à leurs commanditaires au retour des voyages ultra-marins. Les profits à partager lors des retours incluent la plus-value résultant de la vente des bâtiments eux-mêmes et de leurs gréements, en plus de celle des cargaisons (esclaves inclus). Les équipages reçoivent quant à eux, une part composée de "pacotille" résiduelle.

Les mouvements des navires recensés et analysés par les historiens et notamment par Fernand Braudel (1902-1985), décrivent brillamment la vitalité de cette circulation à travers les océans.

Par exemple :

« Jusqu'en 1568, nous dit Fernand Braudel, les banquiers génois avaient financé le commerce sévillan en direction de l'Amérique et permis aux milieux marchands de la place de surmonter, grâce au crédit, les longues attentes qu'imposaient les voyages interminables à travers l'Atlantique. Après 1568, les Génois renoncent à cette activité, ils préfèrent placer leurs capitaux dans les prêts au Roi Catholique. Une place est libérée et ce sont les marchands du Nord qui s'en saisissent : Ils ***avancent non pas de l'argent, ce qui est encore hors de leurs moyens, mais des marchandises dont ils récupèrent le prix au retour des flottes.*** *»*[5]

---

[5] Fernand Braudel *Civilisation matérielle, économie et capitalisme, XVème-XVIIIème siècle Tome 1. Les structures du Quotidien. Le possible et l'impossible.* Armand Colin. Paris 1992 542 p. P. 376

En ces temps-là, affréter un bateau peut être assimilé au lancement aujourd'hui d'une affaire ou d'un plan de production, dont le profit est globalement assuré. Les profits retirés des ventes occasionnées par les vaisseaux de retour montrent une régularité et une continuité telles dans les flux monétaires constatés, qu'ils paraissent « naturellement » financer à leur tour les vaisseaux au départ.

L'histoire de la pensée économique n'offre pas de textes très détaillés sur l'analyse des dividendes issus de ces opérations. Des données utilisables apparaissent pourtant dans les documents les plus anciens comme les chartes des compagnies maritimes. Elles ne suscitent pas d'intérêt particulier ni de curiosité débordante de la part des économistes.

Cela ne tient pas seulement aux mille précautions dont le chercheur en sciences sociales doit s'entourer lorsqu'il éclaire et approche les allées du pouvoir. L'astronome, il est vrai, court généralement moins de risques, perdu dans les étoiles, de se faire rabrouer par des autorités politiques jalouses de leurs prérogatives. Les sujets si éloignés dont traite le scientifique sont inoffensifs au regard des pratiques économiques et des rapports sociaux qu'il faut conserver.

Les économistes sont moins bien protégés dans l'arène politique. Jean-Baptiste Say subit cette situation d'insécurité à ses propres dépens, lorsque le Premier Consul Bonaparte et lui se brouillent gravement, à l'été 1803, au moment de la publication réussie du « Traité d'économie politique », qui contient la « loi des débouchés », dite « loi de Say ». Le libéral s'oppose frontalement au futur Empereur. La réédition de son chef d'œuvre est alors désormais interdite. Sa carrière doit bifurquer vers l'entrepreneuriat. Quant à Napoléon, il voue désormais une haine farouche aux économistes :

« J'ai toujours pensé que s'il existait une monarchie de granit, il suffirait des idéalités des économistes pour la réduire en poudre », dit-il[6].

La détestation de Napoléon trouve peut-être son fondement dans le soupçon que cette science économique qui naît sous ses yeux est entachée d'insuffisances qui la rendent irréaliste. En matière sociale,

[6] Paroles de Bonaparte répondant en conseil d'État à Gassendi citées dans le *Mémorial de Sainte-Hélène* par Las Cases, tome IV.

l'homme d'État se concentre dès lors sur l'élaboration du Code Civil, avec Cambacérés, sans se soucier outre mesure d'économie politique.

Il est difficile alors, dans ce milieu devenu hostile, de mener à bien en France, des observations sur les dividendes, qui demeurent incomplètes et fragmentaires en raison du secret des affaires. Lorsqu'elles sont évoquées, nul ne se risque à dévoiler l'imprécision des avances financières payées et des modalités de leur reconstitution. Ce qui devrait être une évidence reste très approximatif et difficilement vérifiable sur les embarcadères et les wharfs. Néanmoins, l'à-peu-près devient une conviction inattaquable, surtout lorsqu'il s'agit de soutenir que « l'offre crée sa demande » et que la surproduction générale n'est qu'un dysfonctionnement passager.

Les dividendes existent, mais il ne convient pas d'en parler. Les acomptes sur dividendes et les avances financières sont des préliminaires constants dans le déroulement des échanges, mais il est malcommode de les mesurer, alors on les néglige.

Ils n'en existent pas moins, régulés de plus en plus finement par les institutions.

L'émergence des institutions

L'essor du commerce maritime est d'abord grandement favorisé par la pratique — notamment à Gênes — de la division des navires en parts égales, véritables actions dont une même personne pouvait posséder plusieurs. Ainsi sont divisés et répartis les risques. Ces parts que l'on appelle « partes », « sortes » ou « loca » sont une marchandise que l'on peut vendre, hypothéquer, donner en « commenda », faire entrer dans le capital d'une association.

« Au XIVe et XVe siècles se répandent de véritables contrats d'assurance dans lesquels il n'y a plus de doute que les assureurs sont distincts des propriétaires du bateau. »[7]

Au début du XVIe Siècle, les capitaines de navires marchands hollandais, puis anglais se mettent à vendre des droits de participation financière à leurs voyages. De retour au port d'attache, pour rembourser ceux qui leur ont fait confiance, les capitaines vendent

---

[7] Jacques Le Goff *Marchands et Banquiers au Moyen-Age* Que Sais-je ? PUF 1980 P.27.

tous les actifs, bâtiments et cargaisons, et partagent les revenus avec les commanditaires. Ce partage n'est rien d'autre, en fait, qu'une liquidation de l'entreprise et les montants distribués représentent donc des « dividendes de liquidation ». Ces pratiques offrent l'avantage d'être simples et radicales, réduisant la complexité comptable des opérations et les risques de fraude. Elles se font sous le contrôle des tribunaux.[8]

L'Etat français, tout particulièrement, a déjà légiféré en matière de prises de mer :

« L'ordonnance de Charles VIII du 8 septembre 1484 reprend les règles générales de la course. Celles-ci ne sont plus seulement nationales : tous les princes d'Europe les adoptent peu à peu (l'accord officiel avec l'Angleterre sera de 1518), les unifient, essayent de les imposer chez eux : lettre de marque régulière, caution, respect des trêves, de la paix et des neutres...obligation de ramener la prise entière, dans toute la mesure où la fortune de mer le permet... Institution de tribunaux seuls habilités à juger si la saisie est de bonne prise, et dans ce cas, elle est vendue, liquidée, répartie. Si la saisie est irrégulière, elle ouvre droit à des indemnités ».[9]

Les tribunaux veillent ainsi au respect des règles et usances concernant le partage des produits de la vente des cargaisons. A la fin du XVIe siècle, les droits des parties prenantes commencent à être cotés sur les marchés financiers. Progressivement, ils deviennent des titres de propriété négociables.

Puis ceux qui investissent dans ces entreprises maritimes se préoccupent d'acquérir des actions auprès de plus d'un capitaine. Des brochures circulent pour annoncer les prochaines expéditions. Les spécificités des projets, fortement liées aux compétences des armateurs et à la notoriété des équipages, orientent les investisseurs dans leurs choix.

Cependant, au fur et à mesure du déroulement des opérations, les « actionnaires » en viennent à estimer que la liquidation complète de l'activité à la fin de chaque périple est excessivement onéreuse.

---

[8] R.C. Lease, et divers auteurs, *Política de dividendos*. Barcelone, 2001, p. 21.
[9] Jean Merrien, *Histoire des corsaires*, Saint-Malo. 2003, p. 42.

Les coûts de lancement, puis les coûts de clôture de chaque expédition deviennent prohibitifs. Or, les « success stories » sont relativement nombreuses, un climat de confiance s'instaure entre les « actionnaires » et les capitaines. Il en résulte une évolution progressive vers la création d'un système de liquidation partielle à l'issue de chaque voyage. Les décisions de partage et de distribution portent maintenant sur des bénéfices calculés après le règlement des dettes et le remboursement des avances financières et non plus sur les fruits de la liquidation totale (navires et cargaisons). Les actifs sauvegardés servent de support à de nouvelles avances pour de nouvelles rotations.

La régularité des résultats économiques de ces activités donne un aspect « normal » à une récupération des investissements relativement constante. Le renouvellement de l'engagement des participants devient habituel. Le concept d'entreprise à durée de vie indéterminée, sans liquidation totale à l'issue du premier exercice, apparaît alors de manière durable, accompagné de versements réguliers de dividendes qui prennent peu à peu la forme spécifique ; aléatoire mais acceptable, qu'ils revêtent aujourd'hui : des revenus distribués après la mesure du profit global, déduction faite des profits payés d'avance et du remboursement des dettes.

Les statuts de ces entreprises en viennent même à prévoir des limites au paiement des dividendes, qui doivent dorénavant se calculer uniquement sur des bénéfices dont la définition devient de plus en plus rigoureuse.

Les innovations britanniques

En 1700 le Parlement britannique a déjà établi deux modèles de régulation des payements de dividendes : la règle des bénéfices et la règle de la détérioration du capital.

1. La règle des bénéfices protège les créanciers de l'entreprise par rapport aux actionnaires ; elle stipule que seuls, les bénéfices sont distribuables, et non pas le chiffre d'affaires. Les avances doivent être remboursées, récupérées, reconstituées, après le paiement des intérêts.

L'économiste ne s'en rend pas encore compte, mais elles sont en fait remboursées par les avances consenties par les opérateurs voisins dans le port. Telle est l'origine du profit. Les avances de tous font les profits de tous. La ventilation des premières –les avances-- n'est évidemment pas l'homologue exacte de celle des seconds –les dividendes--, mais la somme des montants agrégés est équivalente dans les deux processus. Celui qui vend ne sait pas qu'on le paye avec des avances, alors que, devenu acheteur, il sait pertinemment la part d'avance reconstituable contenue dans ses propres instruments de payement. L'appariement de l'offre et de la demande reste indéterminé aussi longtemps que les sources du profit restent dissimulées.

Le maillage de cette transmutation échappe encore aujourd'hui à la sagacité des observateurs.

2. La règle de la détérioration du capital, quant à elle, précise que la distribution des bénéfices sous forme de dividendes, n'a lieu qu'après constitution de réserves et de provisions pour amortissement.

Le législateur anglais impose ainsi aux armateurs d'envisager le renouvellement des bâtiments ainsi que l'amélioration et le remplacement programmé de leurs équipements.

La réussite de cette forme de propriété répartie et partagée au moyen d'« actions » dans les branches maritimes s'étend rapidement à d'autres secteurs émergents à la fin du XVIIème Siècle, comme la mine, la banque, le négoce et même le secteur public. C'est l'origine de la société anonyme qui deviendra la forme juridique de l'entreprise capitaliste.

Chaque nation développe ses propres réglementations en la matière.

Par exemple, en Amérique du Nord, c'est en 1825 que New-York décide de rendre illégal tout paiement de dividendes qui ne découle pas de profits calculés après l'apurement des dettes de l'entreprise. Cette mesure met fin à des pratiques de retraits personnels et de prélèvements financiers qui font disparaître les actifs de l'entreprise au détriment des créanciers, notamment des banquiers et de l'Etat. Or, une telle mesure existe en Angleterre depuis 1700. Mais elle n'a pas traversé l'Atlantique dans les bagages des premiers immigrants. Le besoin ne s'en fait pas sentir au stade où en est le développement américain. A ce stade-là, le profit est la reconstitution primordiale et sans entraves des avances financières consenties dans la production.

Aujourd'hui, dans le contexte actuel de « la Grande Récession de 2008 », si l'on considère la situation post-crise, et les méthodes révélées par l'histoire récente, la manipulation des « interim dividends » — acompte sur dividendes, en anglais— le besoin de régulation reste toujours aussi pressant.

Par exemple, je relève le 24 avril 2008, que la banque WACHOVIA, aujourd'hui disparue, distribue un « interim dividend » de 0,25 USD. Le nombre d'actions en circulation étant de 1,750 milliard, les montants distribués sous forme d'avances financières sur les profits de 2008, ainsi payés d'avance, s'élève à 437,5 millions de dollars. En septembre 2008, soit 4 mois plus tard, le Trésorier américain, Henry Paulson fait remettre le capital de WACHOVIA à CITYGROUP, avec la garantie de l'Etat sur les actifs douteux. Les profits payés d'avance ne seront jamais reconstitués au sein de la banque WACHOVIA, qui est rapidement liquidée. Les actionnaires ont ainsi partiellement tiré leur épingle du jeu. Théoriquement, les capitaux « mis à l'abri » sont disponibles pour engendrer des marges dans d'autres secteurs et dans d'autres branches de l'économie mondiale où l'efficience des marchés doit les rendre plus utiles.

Inversement, PROVIDENT FINANCIAL, société financière britannique, s'effondre de 62,64% en Bourse, le 17 août 2017, sous le poids d'une série de mauvaises nouvelles. Le groupe spécialisé dans les crédits aux emprunteurs dits « subprime » a lancé un avertissement sur ses résultats, conduisant son Directeur Général à la démission et à la suppression de l'acompte sur dividende pour **préserver les fonds propres**.

L'éthique n'est pas la même dans les deux cas : récupération de liquidités au profit des actionnaires dans le cas de WACHOVIA, réduction du risque d'assèchement des fonds propres dans le cas de PROVIDENT FINANCIAL.

Les spécificités propres à chaque Etat (Royaume-Uni et Etats-Unis, en l'occurrence) découlent d'une histoire particulière. L'appréciation du « délit de distribution de dividende fictif » est d'intensité variable selon les États.

Sur la nécessité de distribuer des avances, la recherche économique semble faire l'objet d'un certain « refoulement ». Il en découle une confusion préjudiciable à la prise de décision rationnelle. La contrainte absente de tous les modèles néo-classiques, est celle qui imposerait que la différence entre les profits espérés, calculés, donc maximisés, soient au même niveau que les profits constatés. Quelque chose de la forme : **Profits espérés-Profits constatés = 0**

Les conditions nécessaires pour le respect de cette contrainte feraient apparaître les paramètres à définir, et notamment les formes d'avances financières reconstituables. Ce qui requiert de la part de l'entrepreneur la connaissance de la fonction de production et de la marge incompressible qu'il attend pour rembourser ce qu'il a payé d'avance.

Il faut remonter assez loin dans le temps pour situer la perception du profit par les économistes dans son contexte historique. Il s'agit de questionner l'origine de la perception d'un profit « sui generis » dans la seule production.

Une réponse à cette question peut alors être recherchée dans la certitude qu'ont les actionnaires de recevoir une juste rémunération pour la confiance qu'ils mettent dans les projets des armateurs et des capitaines dont ils deviennent les commanditaires.

Leur aversion au risque est si basse – ou leur confiance si aveugle--, que les économistes qui les observent (et les courtisent ?) s'imaginent que leur offre crée sa propre demande et engendre spontanément et instantanément des dividendes disponibles.

Tout se passe comme s'il suffisait de se lancer dans l'armement et la commandite de navires ou dans la « grosse aventure » maritime pour disposer aussitôt d'un bénéfice utilisable. L'origine du profit est « maritimisée » à l'époque des Grandes Découvertes.

La régularité des dividendes du commerce maritime imprime sa marque sur la façon dont les fondateurs de l'économie politique conçoivent le profit. Ces penseurs vivent quotidiennement les implications des voyages. Ce contexte conditionne leur façon de voir les choses. Un paradigme est né : la surproduction générale est inconcevable si les marchandises s'échangent librement. C'est le paradigme de la noria.

CHAPITRE 2

Le paradigme de la noria

Une « noria » est un système technique d'origine ancienne de captation de l'eau à distribuer. Une série de conteneurs attachés à une roue tournant autour d'un axe, se remplissent sur un lieu de prélèvement et se déversent les uns après les autres sur un lieu d'utilisation éloigné d'une portion d'arc de cercle, puis continuent leur circuit pour se remplir de nouveau et être réutilisés tant que la roue tourne. Dans ce système, la production crée sa consommation. En d'autres termes, au moment même où un produit se prélève à l'extrémité d'un rayon, un produit se déverse à l'extrémité d'un autre rayon, qui peut être diamétralement à l'opposé. Le mouvement est continu. Il n'y a pas de surproduction : si l'on augmente le nombre de conteneurs pour le prélèvement, les seules limites rencontrées sont celles de l'abondance de la ressource à transporter, et de la force à utiliser pour faire tourner la noria, travail animal, humain, hydraulique, éolien....

Les ports maritimes sont le lieu où prend forme cette image de noria, quand des vaisseaux au départ, chargés d'avances en marchandises, s'élancent sur les mers en croisant sur leur route d'autres vaisseaux, chargés des produits exotiques (et de « bois d'ébène ») dont la vente reconstitue « naturellement » les avances juste croisées. Les quais de ces ports sont des lieux de rupture de charge entre deux formes de transport : du terrestre au maritime (qualifiée ici de phase de production), puis du maritime au terrestre (dite phase de consommation). Les lignes intercontinentales étant nombreuses et parallèles, la noria est multiple.

La noria se déroule en continu sous les yeux de l'économiste qui en vient à considérer que le profit espéré au moment de l'embarquement, dans la phase de production, se retrouve « naturellement » au moment du débarquement, sur les lieux de la consommation, où il est utilisable immédiatement ». Le port maritime devient le lieu de réalisation des rotations dont la contemplation attentive donne naissance à un nouveau paradigme qui demeure implicite et que je dénomme le paradigme de la noria.

Voilà dès lors l'économiste conforté dans ses certitudes : les marchandises embarquées et « offertes » contiennent un profit aisément assurable et mobilisable, à consommer sans attendre, si le besoin s'en fait sentir. L'acheteur est sûr d'être livré et le vendeur est sûr d'être payé. Toutes sortes de documents sont garants de la livraison à bon port, et continuent de plus belle aujourd'hui à se créer, par exemple autour des Règles et Usances des crédits documentaires irrévocables et confirmés.

Adam Smith (1723-1790) grandit à Kirkcaldy, au nord-est de l'Ecosse, important port de commerce à l'époque, où son père est douanier. Il est aux premières loges.

Dans un article du 30 mars 1796, son disciple, J.-B. Say —il a 29 ans— développe, dans « La Décade », la conception politique générale qui anime sa réflexion sur la Constitution :

« Voilà à peu près comme je me figure cet état de perfectionnement et de bonheur dans un grand État moderne tel que la France par exemple. Je veux d'abord que la paix l'habite, qu'une confiance réciproque, une bienveillance générale, unisse tous les citoyens... Je veux que l'agriculture et tous les genres d'industrie, y soient de la plus brillante activité ; ***que des ports de mer remplis de navires, des canaux et des rivières couverts de bateaux,*** *des marchés propres et bien approvisionnés, offrent l'aspect de l'abondance. »*

Le paradigme de la noria prend naissance dans ces économies maritimes qui inventent le dividende.

Dès le XIIIème siècle, nous dit Fernand Braudel, le grain en Angleterre augmentait de 15 % chaque fois qu'il franchissait par terre 80 km, alors que le vin de Gascogne arrivait de Bordeaux à Hull ou en Irlande, n'augmentant que de 10 % en tout, malgré son long voyage en mer.

En 1828, -- il a alors 61 ans-- Jean-Baptiste Say, explique à ses auditeurs du Conservatoire des Arts et Métiers, que les habitants des villes atlantiques des États-Unis « se chauffent avec de la houille d'Angleterre qui est à plus de mille lieues de distance, préférablement au bois de leurs forêts qui est à dix lieues. Un transport de dix lieues par terre est plus dispendieux qu'un transport de mille lieues par mer ».

Le modèle économique du transport maritime imprime indiscutablement sa marque sur la conception de l'équilibre entre l'offre et la demande.

Les faits semblent donner raison à ceux qui professent la négation de la surproduction générale. La pensée dominante s'appuie sur les observations qui consolident le « paradigme de la noria ». D'autant que les volumes d'activité concernés sont impressionnants.

L'ampleur des dividendes des voyages

Entre 1598 et 1602, soixante-cinq navires hollandais, répartis en quatorze flottes distinctes participent aux voyages vers l'Insulinde, dont celui de Van Neck qui réalise un bénéfice de 400 % en Avril 1599.[10]

Six chambres hollandaises créent, sans doute sur le modèle des chambres espagnoles de Cadix et surtout de Séville, le 20 mars 1602, la VOC (Vereenigde Ostindische Compagnie), société en commandite au capital de six millions et demi de florins. Les actions sont acquises soit directement, soit par souscription. Pour la première fois, elles ne sont pas rattachées à un seul voyage, mais acquises pour une longue durée, dix ans. En fait, la VOC existe encore deux siècles plus tard. La Bourse lui fournit les ressorts nécessaires.

D'ailleurs, les bourses d'Amsterdam, de Londres et de Paris sont créées pour favoriser le financement des Compagnies des Indes et le commerce maritime.

Les plus-values constantes des actions de la VOC mènent les observateurs de l'époque à s'interroger sur les facteurs de cette prospérité.

---

[10] Alain Peyrefitte. *Du « miracle » en économie*, Paris, 1995, p.110.

Charles Davenant (1656-1714), Inspecteur général anglais, écrit à propos de la VOC :

« Son secret serait de s'être contentée de petits dividendes, acceptant que le profit croissant soit consacré à des améliorations telles que le commerce de leur nation pût être assuré pour toujours. »

Négliger un gain immédiat en prévision d'un avantage futur dont la nation tout entière profiterait, tel est le comportement des actionnaires de VOC au XVIIème siècle. Ils offrent un modèle de base pour la politique des dividendes subordonnée à celle des investissements non financés par les ménages. Reste à comprendre pourquoi les économistes, témoins et souvent acteurs de ces aventures maritimes, incluent ces dividendes dans les revenus distribués pendant la période de production elle-même, alors que, par définition, les profits espérés ne sont disponibles réellement que dans la période suivante, après le retour des navires et la liquidation des cargaisons.

D'où procède ce raisonnement selon lequel, dès que l'on connaît la production en cours, ici les cargaisons flottantes, on tient pour acquis le revenu des détenteurs des capitaux ? Ce présupposé permet de soutenir qu'Il n'y a pas de surproduction générale : le revenu disponible est engendré par la production, et celle-ci, affirme-t-on abusivement, est toujours entièrement vendue.

L'économie politique classique de l'équilibre et de l'interdépendance générale des marchés, peut alors se construire sur ce négationnisme si difficile à éliminer. D'autant que, par exemple, pour les deux mille actionnaires de l'East India Company, en Angleterre, la situation est d'une stabilité à toute épreuve.

Il n'y a aucune concentration du capital entre les mains des directeurs de la Company, qui n'en détiennent jamais plus de 3%, (ce qui évite les retraits personnels et les prélèvements financiers « déraisonnables »), très peu de navires en compte propre (la plupart sont loués), navigation rigoureuse, équipages standardisés, régularité et ponctualité inaccoutumées dans la marine de cette époque. Le dividende se transforme donc en un « profit normal », assimilé à un coût de production. Dans l'esprit des économistes, ce que recouvre « le paradigme de la noria des navires dans le commerce maritime », confère donc à ce concept de profit les attributs d'un « revenu du capital », connu de l'entrepreneur avant l'échange sur le marché et pris en compte dans le calcul du prix dès le lancement de la production. Le profit espéré devient donc, contre toute logique, et sans ambages, le profit attendu et désiré. Mais contre toute attente il arrive souvent que ce ne soit pas le profit constaté réellement. La différence entre les deux devrait être nulle, mais les conditions de cette nullité n'ont jamais été éclaircies par les économistes.

Ce qui n'est pas sans conséquence sur le cycle économique et ses explications. La frustration créée par cette insuffisance inexpliquée des profits engendre un ralentissement des programmes de fabrication et un arrêt des efforts d'investissement.

L'intervention de l'Etat renforce l'illusion paradigmatique

Depuis la fin du XVIIème siècle, les Actes de Navigation réservent au pavillon anglais le transport de tout le commerce maritime impliquant le Royaume-Uni à l'import, comme l'export.[11]

Adam Smith lui-même qui juge que « la sécurité vaut mieux que la richesse », voit dans l'« Act of Navigation », une des mesures les plus sages qu'ait prises l'Angleterre.

Et quand le chancelier de l'Echiquier, en 1770, interdit à la Company d'augmenter ses dividendes avant que le Parlement ne se soit prononcé sur ses affaires, le sentiment d'une « garantie » publique attachée à cette forme de rémunération peut se déployer sans réserves et le doute n'est plus permis. Les capitaines au long cours distribuent des revenus à hauteur de ce qu'ils produisent. Les avances financières sont reconstituées apparemment sans risques.

Fernand Braudel démontre qu'Amsterdam devient « le chef d'orchestre des prix européens » en assumant la fonction d'axe de

---

[11] Les Actes de Navigation (*Navigation Acts*) sont une série de lois protectionnistes votées à partir de 1651 par le parlement anglais, pendant le mandat de Cromwell. Elles visent à financer la construction d'une marine de guerre, et à affaiblir les colonies de la Barbade, des Bermudes et de la Virginie, contrôlées par l'opposition royaliste à la suite de l'émigration des Cavaliers, en les empêchant de commercer avec d'autres pays. Accompagnant une aggravation de la pression fiscale, elles réservent aux marins britanniques le monopole du commerce des colonies avec la métropole, en excluant les navires étrangers des ports. Plusieurs textes successifs seront adoptés jusqu'au Sugar Act d'avril 1764, interdisant d'importer le sucre des Antilles françaises. Les « Actes de Navigation » seront abolis en 1849, lors de la victoire des libre-échangistes dans le débat public.

rotation des cargaisons. Le marchand, dit-il, réagit à une ouverture de marché à l'instant même où elle se produit. Vu du quai hollandais, en effet, le profit peut se payer d'avance dès l'acceptation par les acheteurs européens du prix demandé. Il est probable que ces acheteurs eux-mêmes financent leur acquisition au moyen d'avances financières.

Par exemple, ce qui se développe à l'entrée et à la sortie du port d'Amsterdam, s'observe à Venise et à Anvers, en attendant le tour de Londres.

L'axe de rotation de la noria, selon les données recueillies par Fernand Braudel auprès des observateurs français se trouve à Amsterdam[12] : EN 1786 : LES HOLLANDAIS ENCORE **ROULIERS DE L'EUROPE**

Dénombrement, par le consul français d'Amsterdam, en 1786, des 1504 bateaux arrivés à Amsterdam. Malgré l'époque tardive, ces navires sont à peu près tous hollandais.

Venant de	**nombre de navires**	**dont bateaux hollandais**
Prusse	591	581
Russie	203	203
Suède	55	35
Danemark	23	15
Allemagne du Nord	17	13
Norvège	80	80
Italie	23	23
Portugal	30	30
Espagne	74	72
Levant	14	14
Barbarie	12	12
France	273	273
Colonies américaines (États-Unis exceptés)	109	109

[12] Fernand Braudel. *Civilisation matérielle, économie et capitalisme, XV ème-XVIIème siècle. Tome 3 LE TEMPS DU MONDE.* Armand Colin Paris 1979 606 pages Page 201.

Les norias européennes sont multiples et leurs observateurs en déduisent que le profit marchand est un coût de production certain, calculable, naturel et quasi-contractuel.

Pour cette raison, la surproduction générale paraît théoriquement impossible. Plus nombreux sont les navires, plus élevés sont les dividendes.

L'esprit puritain de l'époque, le refus du gaspillage, l'austérité intransigeante et rigoriste des mœurs encouragent à n'y trouver rien à redire. Quelques pertes d'exploitation anecdotiques, lorsqu'elles sont constatées, et contre lesquelles il est tout à fait possible de s'assurer financièrement, ont peu d'incidences sur les résultats obtenus sur un océan de profits.

Par analogie, il s'ensuit de ces observations la ferme conviction que les capitaines d'industrie, comme les capitaines des navires marchands, offrent exactement ce qui fait naître la demande : un jeu complet de revenus immédiatement disponibles « naturellement ». Tout le monde s'y retrouve. Quoi de plus moral ?

Plus nombreux sont les produits, plus ils se créent des débouchés à eux-mêmes et réciproquement les uns aux autres. La vente ne présente pas de difficulté puisque les dividendes sont immédiatement disponibles, ainsi que le démontre si manifestement le commerce maritime.

Cette conception est évidemment contestable. Elle oppose à la surproduction générale un négationnisme autrement plus réducteur que le refus de l'expérimentation. Si celle-ci était possible pour notre propos, elle signifierait : comparer une économie qui pratique l'avance financière avec une économie qui ne la pratique pas. Il ne semble pas y avoir d'exemple vivant de la seconde. Cette économie sans acomptes sur dividendes et sans autofinancement par les entreprises existe pourtant sur le papier, sous la forme de modèles issus de la loi de Say.

Même si les dividendes sont réguliers, un écart apparaît habituellement entre les profits prévus et les profits réels à la clôture de l'exercice de l'entreprise. La rémunération des actionnaires est donc « résiduelle » au niveau individuel du bilan de l'entreprise. Elle se décide en conseil d'administration et en assemblée générale ordinaire. Elle tient compte uniquement des résultats de l'entreprise. Il n'est pas encore fréquent d'y prendre en considération des données macro-économiques, où les acomptes des uns seraient enfin reconnus comme les revenus des autres. C'est pourtant cette hypothèse-ci, implicite, qui fonde la loi de Say, mais les économistes l'ignorent superbement. Ils préfèrent inclure dans les revenus consommés les dividendes calculés et distribués à partir des résultats de l'année antérieure, qui constatent eux-mêmes les utilisations faites des dividendes de l'année t-2. Ce qui nous conduit, dit Schumpeter (1883-1954), à examiner l'état de l'industrie de la pomme au temps d'Adam et Eve.

De l'économie maritime à l'économie industrielle

L'observation de ce qui se déroule à l'entrée et à la sortie des entrepôts, donne à penser que le paradigme de la noria inspire la loi de Say. Il est remarquable de constater que les cycles d'affaires dans les développements économiques ultérieurs n'ont pas entrainé la reformulation de cette loi. C'est dire la force d'imprégnation de ce paradigme, comparable à l'intensité de celui qui nous fait parler de l'offre et de la demande comme on parle du « soleil levant » et du « soleil couchant ». Nous savons depuis longtemps que c'est la Terre qui tourne sur elle-même, mais nous continuons de faire du Soleil un sujet actif dans notre façon de parler. De même, nous ignorons toujours que les profits se payent d'avance et donnons à l'Offre un rôle causal qu'elle usurpe dans notre façon paradigmatique de parler.

Le commerce maritime est bientôt relayé par la Révolution Industrielle qui fascine à son tour les économistes. Mais le paradigme de la noria n'est pas rejeté pour autant par les penseurs qui observent les nouvelles applications de la science à la production. Ils continuent de présumer que la reconstitution des avances grâce à la consommation s'opère aussi « naturellement » sur les marchés pré-industriels de l'intérieur des terres, que dans les ports de mer. L'égalité des avances financières consenties en phase de production et des profits constatés en phase de consommation, qui permettent de les reconstituer, leur paraît aller de soi. C'est un profit « normal », naturel et suffisant. Si, par bonheur, les résultats dépassent les espérances, ou s'ils se révèlent au contraire décevants, il ne faut pas attendre d'explication rationnelle. Ignorer l'origine du profit, c'est ignorer le risque de ne pas en faire. Dans l'état actuel des connaissances, l'origine des profits et des pertes demeure insaisissable, alors qu'il semble plausible que les avances financières sont excessives dans le premier cas et insuffisantes dans le second.

Dans les ports maritimes, des marchandises au départ côtoient des marchandises à l'arrivée sur des quais voisins. La reconstitution des avances financières permise par la vente de celles-ci, favorise l'embarquement de celles-là. On peut penser que la vision des marchandises s'échangeant contre des marchandises --La Loi de Say--, vient de là. Elle nourrit la conception qui s'applique maintenant à la Révolution Industrielle et va en fortifier les progrès, mais aussi, à la longue, en obscurcir l'analyse, en niant la possibilité de la surproduction générale. Le contexte de la Révolution Industrielle qui se substitue à celui des Grandes Découvertes n'a pas entraîné un changement de paradigme dans la vision de l'Offre et de la Demande.

Le paradigme de la noria entretient le corporatisme

Apparemment, les choses sont simples. La circulation des marchandises se déroule de manière continue. La simultanéité des chargements et des déchargements sur plusieurs lignes de commerce maritime, émerveille les observateurs par la diversité des approvisionnements. Devant le spectacle de la noria, l'observateur prend conscience des résultats de la division internationale du travail. Il est mystifié par tant de moyens mis en œuvre. Il ne dissocie pas les marchandises avancées dans les navires au départ, issues de l'intérieur des terres, des marchandises à l'arrivée, issues de l'outre-mer, et vendues sans délais. Les cargaisons s'échangent contre d'autres cargaisons. L'ensemble des norias forme un tout global et indifférencié, où la rémunération des agents semble aller de soi.

La permanence des traditions corporatistes fixe à chaque agent son rôle et sa rémunération. Cependant, pas plus que l'origine des brumes épaisses sur le port, qui viennent parfois ralentir les opérations, l'origine des profits réalisés ne donne facilement prise à l'analyse. Telle la brume, le profit apparaît comme un phénomène naturel, qu'il faut prendre comme il est, difficile à expliquer, et sur lequel aucune prise n'est possible.

De toutes les rémunérations issues des opérations de commerce maritime, le profit demeure celle dont l'appréhension est la plus brouillée. La transparence n'est pas totale, étant donné le secret des affaires. La distinction est loin d'être nette entre les avances productives — capital fixe et circulant — et avances « improductives » — acomptes sur dividendes, redevances diverses —. La reconstitution des avances a lieu lors des retours des bateaux et, dès lors qu'elle est rendue possible par les fruits de la vente, payée elle-même par les avances financières que pratiquent les acheteurs, alors le profit est jugé suffisant. Le cas échéant, les gains supplémentaires au-delà des espérances conçues au début des opérations, forment une manne tombée du ciel, inexplicable jusqu'à aujourd'hui. Ce paradigme du profit immédiatement disponible, géolocalisé dans les ports maritimes demeure la référence alors que la Révolution Industrielle issue du progrès scientifique et technique favorise la démultiplication des lieux de production et d'échange sur l'ensemble des territoires.

Et pourtant, il est clair que l'origine de ces profits tient aux acomptes sur dividendes et autres avances financières injectées continuellement par les entreprises dans la circulation monétaire.

Ainsi fonctionnent les armateurs, leurs commanditaires et leurs associés, mais les économistes ne regardent déjà plus de leur côté. Ils ont maintenant les yeux de Chimène pour l'industrie naissante. Du commerce maritime et du paradigme de la noria, ils retiennent que les profits sont disponibles dès que l'offre est lancée, mise sur le bateau, comme en témoigne le déchargement simultané du bateau accosté au quai voisin.

Mais que disent ces économistes ?

CHAPITRE 3

Les débats théoriques des économistes classiques

La théorie de J.B. Say

En 1803, Say développe dans le « Traité d'Économie Politique », au chapitre XV, cette idée que *« les produits s'échangent contre des produits »*[13].

« Et il suit de là une vérité bien curieuse, c'est que ce qui favorise le plus la vente d'un objet de fabrique, c'est la production de beaucoup d'autres. On dit : la vente ne va pas parce que tout le monde fabrique et que personne ne consomme ; il faudrait dire : la vente ne va pas parce qu'on ne fabrique pas assez de ces objets avec lesquels on pourrait acheter ceux que je produis. »[14]

Les habiles négociants

Nombreux et vivants sont les exemples illustrant l'économie sayenne. Ils décrivent admirablement l'interdépendance généralisée des producteurs et des consommateurs :

« L'habile négociant, à Paris, à Amsterdam, à Londres, malgré la concurrence de cent marchands comme lui, pourra faire d'immenses affaires. La raison en est simple : il est entouré de gens qui produisent beaucoup dans une multitude de genres, et qui font des achats avec ce

---

[13] Ce chapitre de 18 pages, l'un des plus célèbres de l'histoire de la Pensée Economique commence par cette phrase, toujours actuelle : « Les entrepreneurs des diverses branches d'industrie ont coutume de dire que la difficulté n'est pas de produire, mais de vendre… »

[14] Jean-Baptiste Say. *Leçons d'Economie Politique.* Tome V. Economica 2003 P.90

qu'ils ont produit, c'est-à-dire avec ***l'argent provenant de la vente*** *de ce qu'ils ont produit. »*[15]

Le négociant et les cent marchands qui l'entourent présentent cette spécificité de disposer de revenus provenant uniquement de marges et de bénéfices calculés sur les chiffres d'affaires qu'ils réalisent. L'effet de leur concentration en quelques lieux se mesure à la qualité de l'information qui circule entre eux. Ils peuvent donc "faire des achats", non pas avec "de l'argent provenant de la vente", comme dit Say, mais avec des avances puisées au préalable dans des flux de trésorerie déjà existants et ensuite reconstituées lors de la revente avec marge.

S'il fallait, comme dit Say, à Paris, à Amsterdam, à Londres, attendre les résultats provenant de la vente des produits actuels, pour faire des achats, le circuit serait vite bloqué. En effet, ce qui a été produit donne immédiatement lieu à des versements de revenus salariaux, fixes ou variables, mais pas de profits, qui ne sont mesurés qu'après la vente et le payement complet des marchandises.

L'illusion classique

L'entrepreneur sayen possède cependant une qualité remarquable : la capacité de jugement, qui lui permet continûment d'ajuster son patrimoine à la production qu'il envisage :

« ...Les négociants et les manufacturiers, écrit-il, savent, chaque fois qu'ils veulent le savoir, au moyen d'un inventaire de toutes les valeurs qu'ils possèdent, si leur capital est diminué ou s'il est augmenté. La valeur capitale employée à une production, n'est jamais qu'une ***avance*** *destinée à payer les services productifs, et que rembourse la valeur du produit qui en résulte.*[16]

Say dit que les avances servent uniquement à payer des services productifs.

Mais l'avance ne paye pas que des « services productifs », qui sont selon les normes actuelles des « consommations intermédiaires ». En

---

[15] Jean-Baptiste Say *Traité d'Economie Politique*, 4ème édition, 1819, Paris Tome I Chapitre 15 « Des Débouchés », P.159

[16] J.B. Say *Traité d'économie politique.* 4ème éd. Tome I. Chpt 10 "De la production des richesses" P.97.

réalité, elles permettent aussi de payer des consommations personnelles et familiales, qui sont des consommations finales.

Sinon, on voit mal comment la valeur du produit peut à la fois rembourser l'avance en services productifs et générer une marge. Il faudrait dire que la valeur (vente) du produit rembourse les services productifs **et** dégage une marge dont l'origine se trouve dans l'avance consentie par l'acheteur.

Le paradigme de la noria conduit à faire percevoir la marge bénéficiaire désirée en la rattachant à la production. En réalité, la marge est liée à la négociation. Elle se rattache au prix obtenu sur les marchés, lequel dépend de l'intensité de la demande solvable alimentée par deux sources de revenus :

1°- par les salaires, les intérêts et les rentes directement liés à la production,

2°- par des additifs monétaires dont les détenteurs de capitaux ne peuvent disposer que sous forme d'avances financières, et dont la dépense se transforme finalement en marge des vendeurs – et dans les économies modernes, en taxe sur la Valeur Ajoutée --.

Autre formule...où l'exception confirme la règle

Pour que les produits puissent s'échanger contre des produits, comme dit Say, il faut le concours de tous les participants. Seules exceptions : le don et la spoliation, qui ne sont pas des échanges :

« La portion retirée par les industrieux se nomme les profits de l'industrie ; quelquefois ils abandonnent ce profit moyennant un salaire.

Chacun prend ainsi sa part des valeurs produites, et cette part fait son revenu. Les uns reçoivent ce revenu par parcelles, et le consomment à mesure. C'est le plus grand nombre ; presque toute la classe ouvrière est dans ce cas. Le propriétaire foncier, le capitaliste, qui ne font pas valoir par eux-mêmes, reçoivent leur revenu en une seule fois, ou bien en deux fois, ou en quatre fois chaque année, selon les conventions qu'ils ont faites avec l'entrepreneur auquel ils ont prêté leur terre ou leur capital. ***Quelle que soit la manière dont le revenu se perçoit, il est toujours de la même nature, et sa source est toujours une valeur produite****. Si celui qui reçoit des valeurs quelconques avec lesquelles il pourvoit à ses besoins, n'a pas* *concouru directement ou indirectement à une production, les valeurs qu'il consomme sont un don gratuit ou bien une spoliation : il n'y a pas de milieu. »*[17]

Nous retrouvons là l'illusion paradigmatique assimilant immédiatement « valeur produite », et revenu.

Or, la source d'un revenu n'est pas **« toujours une valeur produite ».** Elle peut consister en une avance sur une vente virtuelle, valeur à produire, que l'entrepreneur juge « raisonnable », c'est-à-dire peu risquée dans l'organisation sociale où il évolue à un moment donné.

Un revenu qui provient de la vente effective et d'un payement n'est pas de même nature qu'un revenu provenant d'une avance financière sur des recettes escomptées mais encore loin d'être matérialisées.

Cette remarque vaut surtout pour les banques dont la qualité des dépôts devrait être impactée par leur nature.

Le paiement des profits en une fois

Lorsque les propriétaires actionnaires de l'entreprise reçoivent leurs dividendes "en une seule fois", généralement après l'Assemblée Générale Ordinaire clôturant l'exercice, ils sont récompensés d'avoir concouru "directement ou indirectement" à une production passée. Il faut les "remercier" d'avoir fait confiance à l'entrepreneur. Si telle est la situation envisagée par Say, alors la loi des Débouchés est approximative, car les propriétaires disposent des montants nécessaires pour pourvoir à leurs besoins seulement **<u>après</u>** la constatation des résultats. Ils ont concouru à la production, certes, par leur apport en capital, mais ils ne peuvent pas encore participer à la consommation, faute de revenu sous forme de dividende.

Les résultats sont mesurés sans qu'ils aient pu concourir à leur détermination par leurs achats personnels. Il y a donc des produits sur le marché, qui ne peuvent se vendre car les actionnaires ne peuvent les acheter faute de dividendes payés. Et lorsque les dividendes sont distribués, ils correspondent à la production de l'exercice précédent mais sont payés par prélèvement sur le chiffre d'affaires de l'exercice

---

[17] Ibid. Tome II Chapitre 5 « Comment les revenus se distribuent dans la société » P. 71-72)

en cours. Il est malaisé dans ces circonstances de soutenir que les produits s'échangent contre des produits et que l'offre génère spontanément la demande.

Le paradoxe des marges élevées

Plus les profits (espérés ou constatés) sont élevés, paradoxalement, moins la loi des Débouchés s'applique, car l'écart entre la valeur attendue par les entrepreneurs et la valeur consommée par les seuls titulaires d'autres revenus (loyers, rentes, intérêts, salaires) se creuse d'autant. Une croissance rapide des avances peut entraîner par leur reflux vers les entreprises une croissance rapide des profits, mais elle peut aussi provoquer un renchérissement des produits ou des valeurs d'actifs financiers.

*« Quand les besoins des industrieux sont poussés trop loin, écrit Say, qu'arrive-t-il ? **Les produits, qui sont le résultat** des services industriels, deviennent trop chers, comme ils le deviennent également par l'effet des impôts trop considérables ; et l'effet ultérieur est le même que celui des impôts : ils portent le prix de certains objets au-delà de ce que leur utilité vaut. »*[18]

Un excès de cupidité de la part des entrepreneurs les pousse à rechercher des marges très élevées pour compenser les avances qu'ils se sont faites. Les prix sont alors trop hauts et les débouchés se réduisent.

Inversement, en situation de profits bas, l'écart est réduit, donc les coûts de production se transforment en moyens de payement suffisants pour absorber presque toute l'offre. L'équilibre offre-demande est ainsi atteint plus facilement, si les avances sont d'une faible ampleur.

Le paiement des profits en plusieurs fois

S'ils reçoivent leur revenu "en deux fois, ou en quatre fois" -- sous forme d'"acompte sur dividende", par exemple, comme c'est le cas aujourd'hui -- la question de la loi des Débouchés change de nature. En effet, des instruments monétaires sont distribués et alimentent la demande des propriétaires d'entreprise, mais il n'y a pas de lien

---

[18] J.-B. Say, *Cours Complet*. Tome 11. P.33. Cité par Karine Goglio. « L'analyse de la gestion des entreprises chez Jean-Baptiste Say » Thèse. Nice 2001.

immédiat avec les résultats réels de la période, qui seront constatés plus tard, longtemps après la fin de l'exercice. On peut donc dire que si des distributions d'avances ont eu lieu, en liaison non pas avec la production, mais plutôt avec les besoins particuliers des actionnaires et des travailleurs indépendants, c'est d'elles que dépendent les ouvertures de débouchés. Les avances préalables créent des débouchés.

L'influence des bénéficiaires de ces revenus ne peut pas être sous-estimée. Obtenir le paiement des avances dépend de leur capacité d'intimider les managers et les responsables d'entreprise.

Il est imprécis, dès lors, de dire qu'il y a génération spontanée de la Demande par l'Offre. L'apparition de cette demande que les propriétaires d'entreprise se font à eux-mêmes et entre eux, pour leurs propres produits interpelle l'économiste qui peut aujourd'hui en mesurer l'ampleur.

Le lien automatique entre production et revenu est remis en cause. Le rapport de forces entre les actionnaires et les administrateurs devient un élément-clé de l'équilibre général.

Il existe donc une objection à la loi des Débouchés plus importante que celles du don et de la spoliation. Le responsable d'entreprise et le détenteur des capitaux doivent pourvoir à leurs propres besoins et à l'équipement de l'entreprise pendant l'exercice de production et avant de connaître les résultats de la vente. Ce comportement est bien plus constant et plus général que les dons et spoliations occasionnels envisagés par Say.

Notre génial auteur a lui-même connu des responsabilités d'entrepreneur, à Auchy-Hesdin, dans les Hauts-de-France, avec succès, alors comment n'a-t-il pas tenu compte des ressources qu'il s'est nécessairement avancées pour satisfaire ses besoins personnels et familiaux ? Elles n'étaient pas immédiatement générées par la vente des produits (textiles) sur les marchés. Elles étaient versées par anticipation et reconstituées pour être déduites du profit calculé en fin d'exercice. L'ensemble des producteurs procédant de la même manière, par nécessité vitale, on peut faire l'hypothèse que les avances particulières de chacun ne se retrouvent pas dans les résultats de tous.

Rien ne sert de réprimander, dans le chapitre 15 du « Traité », les entrepreneurs au prétexte qu'ils ne produisent pas suffisamment pour s'ouvrir plus de marchés les uns aux autres, si dans le même temps l'origine de leurs profits n'est pas clairement établie et mesurée.

C'est pourquoi, les adversaires de J.B. Say ne parviennent pas à le réfuter. Ni ses contemporains, ni leurs successeurs.

La surproduction chez Jean de Sismondi (1773-1842)

Par exemple, le premier adversaire de J.B. Say, suivi de près par Malthus, Jean de Sismondi, écrit en 1819 :

"DÉTERMINATION RÉCIPROQUE DE LA PRODUCTION PAR LA CONSOMMATION ET DE LA DÉPENSE PAR LE REVENU

La richesse nationale, dans sa progression, suit un mouvement circulaire ; chaque effet devient cause à son tour, chaque pas est réglé par celui qui le précède, et détermine celui qui le suit, et le dernier ramène le premier dans le même ordre. » .[19]

Ce schéma, explicitement inspiré par le paradigme de la noria, suppose de manière très discutable, que toute production incorpore le profit espéré par le producteur, qui peut en disposer sans attendre. La volonté humaine est hors-sujet.

Un peu plus loin, dans ce même chapitre des *Nouveaux principes d'économie politique* l'économiste suisse passe de la circularité à la reproduction en évoquant le rôle du producteur-entrepreneur :

"Enfin, de ***la reproduction*** *naît le revenu ; mais ce n'est pas la production elle-même qui est le revenu : elle ne prend ce nom, elle n'opère comme tel, qu'après qu'elle a été réalisée, qu'après que chaque chose produite a trouvé le consommateur qui en avait le besoin ou le désir, et qui, la retirant de la circulation pour la joindre à son fonds de consommation, en a donné en échange la valeur. C'est alors que le producteur fait son compte ; que de l'échange qu'il vient d'accomplir il dégage d'abord son capital en son entier ; qu'il voit ensuite les profits qui lui restent ; qu'il pourvoit à son tour à ses jouissances, et qu'il recommence ses opérations.*

Le producteur-entrepreneur mesure donc la différence entre Recettes et Dépenses, en tire le bénéfice et se le verse avant d'entamer un nouveau cycle. Ce n'est pas ainsi que l'on peut expliciter l'origine

[19] Jean de Sismondi *Nouveaux principes d'économie politique* (1819) Genève-Paris 1950 T. I, p.108

du profit. Sismondi n'envisage pas que le producteur s'avance de quoi assurer, non pas ses jouissances, mais sa simple subsistance et celle des siens, pendant la production. Le profit doit donc être calculé après le remboursement de ces avances, qui sont une composante du capital à reconstituer « en son entier ». Les quantités à vendre pour rembourser ces profits payés d'avance, appelées « acomptes sur dividendes » aujourd'hui, sont un multiple de la production courante dont l'entrepreneur confirmé a une connaissance intuitive. En outre, il n'est pas le seul à faire ces calculs. Tous les producteurs-entrepreneurs sont logés à la même enseigne. Leurs profits dépendent à la fois de leurs propres avances et de celles de leurs confrères au même moment. Elles doivent se compenser et se reconstituer pour que la « reproduction » puisse avoir lieu. Si cette condition n'est pas remplie, il n'est pas possible d'écouler à des prix constants la totalité de la production.

Thomas R. Malthus (1766-1834) et la demande

Un an après ceux de Jean de Sismondi, Thomas Robert Malthus, publie ses propres *Principes d'économie politique,* en 1820, en Angleterre.

Entre 1815 et 1820, l'Angleterre connaît une crise grave. Surproduction et chômage démentent les thèses ordinairement défendues par les collègues de l'économiste, qui nient la gravité de la situation. David Ricardo publie ses *Principes de l'économie politique et de l'impôt* en 1817, en plein marasme. Malthus s'oppose frontalement à J.B. Say et à son thuriféraire, Ricardo. Il soutient que le développement de l'épargne engendre la surproduction de marchandises en diminuant la demande de biens de consommation.

A propos du « bel ouvrage de M. Say » sur l'impossibilité de la surproduction générale, Malthus écrit :

"Cependant cette doctrine, avec toute l'extension qu'on lui a donnée, me semble tout à fait fausse, et en contradiction manifeste avec les grands principes qui règlent l'offre et la demande.

Il n'est pas du tout vrai, dans le fait, que des produits soient toujours échangés contre d'autres produits. La plus grande partie des produits s'échange directement contre du travail productif ou des services personnels ; et il est clair que cette masse de produits, comparée au travail contre lequel elle doit être échangée, peut baisser de valeur par l'effet de sa surabondance, précisément de la même manière qu'une seule denrée baisse de valeur par l'excès de l'approvisionnement, relativement au travail ou à la monnaie.

Dans le cas supposé, il y aurait évidemment une quantité extraordinaire de produits de toute espèce sur le marché, parce que les ouvriers improductifs seraient devenus, par l'effet de l'accumulation du capital, des ouvriers productifs ; tandis que le nombre total des ouvriers étant le même, et les moyens et la volonté d'acheter étant supposés moindres chez les propriétaires fonciers et les capitalistes, les produits devraient nécessairement baisser de valeur, relativement au travail, de manière à réduire considérablement les profits, et à empêcher pendant quelque temps une nouvelle production. Mais c'est là précisément ce qu'on entend par le mot engorgement qui, dans ce cas, est évidemment général et non partiel."[20]

Malthus dit que la consommation ouvrière n'augmente pas parce que les improductifs (soldats et domestiques) devenus productifs ne s'ajoutent en rien à la classe existante en termes de pouvoir d'achat. Pas plus que les propriétaires fonciers et les capitalistes dont le pouvoir et le vouloir d'achat font défaut. La baisse des profits conduit donc à l'engorgement général et à l'arrêt temporaire des nouvelles productions. En fait, il n'y a plus suffisamment d'avances financières pour l'échange des produits.

Produits et profits

En ce temps-là, à Paris, le mot « produit » s'utilise, dans les bonnes familles, à la place du mot « dividende », jugé trivial.

[20] THOMAS-ROBERT MALTHUS (1766-1834). — *Principes d'économie politique,* 1re éd., Londres, 1820 (traduction française, Paris, Aillaud, 1820) ; 2e éd., Londres, 1836 (traduction française, Paris, Guillaumin, 1846). Fragments du chap. I (unique) du liv. II.

Balzac raconte :

"- Joseph, l'inventaire est fini

- Oui, monsieur, et le dividende est un des plus beaux que vous ayez eus.

- Ne vous servez donc pas de ces nouveaux mots. Dites le produit."[21]

La loi économique selon laquelle « les produits s'échangent contre des produits » signifie donc, à l'origine, que les profits avancés par les producteurs s'échangent entre eux, les uns contre les autres. Cela peut s'expliquer par le fait qu'au début de la Révolution Industrielle, les grandeurs relatives au profit sont proportionnellement très significatives face à la part des salaires, qui est très faible dans l'ensemble des revenus. La production confère une valeur à la marchandise où le profit est une composante virtuelle majeure : il doit prendre momentanément la forme monétaire de l'acompte sur dividende, avant d'être reconstitué au moment de la clôture des comptes de l'entreprise.

Sous cette hypothèse de la mesure des profits payés et dépensés d'avance, la loi des débouchés peut être avérée. Mais les conséquences de cette nécessaire reconstitution sur les conditions de l'offre industrielle, où la composante salariale commence à s'élever, n'ont jamais été décrites dans la théorie économique, qui reste médusée par le paradigme de la noria.

Voilà pourquoi rares sont les auteurs qui émettent le moindre soupçon à l'encontre de la négation de la surproduction générale.

Prenons un extrait de l'œuvre d'un économiste influent de la fin du XIXème Siècle :

« Il est possible que la production des articles de laine, de coton, de lin, de soie et de toutes les industries, qui emploient la plus grande partie des capitaux et des ouvriers d'un pays déterminé, devienne excessive, non pas certes relativement aux besoins auxquels ces industries doivent pourvoir, mais relativement aux équivalents et

---

[21] Balzac *La maison du chat-qui- pelote. La Pleiade.1976 Tome I P.61*
Il s'agit d'un court récit qui ouvre la Comédie humaine.
C'est la première œuvre littéraire française (1830) où l'on relève le mot dividende, destiné à remplacer le mot produit.

contre-valeurs que les hommes ***peuvent*** *fournir en échange de ces produits. »*[22]

Les équivalents et les contre-valeurs que les hommes *peuvent* fournir ne se composent pas des marges dégagées par les ventes puisque celles-ci n'ont pas encore eu lieu. C'est aux entreprises de décider que des dividendes sont payés d'avance ou que des achats de biens d'équipement sont autofinancés. Si elles ne le font pas, la surproduction générale est inévitable.

Autre exemple : En 1922, Henry FORD (1863-1947) écrit :

« It does not matter whether industry is privately managed or socially controlled; it does not matter whether you call the workers' share "wages' or 'dividends »[23]

Aussi surprenant que cela puisse paraître, Henry Ford ne fait pas de différence entre salaires et dividendes. Il s'agit pour lui de coûts et de revenus dont la nature parait indistincte. Peu importe, selon lui, que le régime politique soit socialiste ou capitaliste, le fordisme préconise l'augmentation des revenus pour faciliter les ventes. Cela est bien connu.

Mais si tous ses salariés étaient aussi ses actionnaires, comment les dividendes seraient-ils calculés et consacrés à l'achat de voitures, puisque les bénéfices ne seraient connus qu'après la vente ? La mesure du bénéfice ne pourrait se faire que si le chiffre d'affaires était connu, et le chiffre d'affaires ne serait réalisable que si le bénéfice était distribué. Autrement dit, en poussant le raisonnement jusqu'à son terme, pour une entreprise donnée, on ne pourrait pas avoir en même temps le chiffre d'affaires et le bénéfice correspondant à ses propres ventes dans le même exercice. Mais en revanche, la masse monétaire globale des dividendes est hors du contrôle de l'entrepreneur, fût-il Henry Ford lui-même. Cette masse monétaire est issue des décisions d'acomptes sur dividende prises par l'ensemble des entrepreneurs et de leurs Conseils d'administration, indépendamment les uns des

---

[22] PAUL LEROY-BEAULIEU (1843-1912). — *De la colonisation chez les peuples modernes, 2* vol., Paris, 1902. IIe Partie, livre I, chap. II et III, *op. cit.,* t. II, p. 504 à 524.

[23] « Peu importe que l'industrie soit privée ou collective, peu importe que vous appeliez la part du travailleur « salaire » ou « dividende. »
HENRY FORD *My life and work.* 1922 WILCO PUBLISHINGHOUSE P.9

autres. Les actionnaires qui en sont les bénéficiaires les consacrent à l'achat de voitures FORD, s'ils le veulent bien, encore faut-il qu'on leur en donne les moyens.

Plus grande est la part des profits payés d'avance dans l'économie américaine et consacrée à l'achat de voitures FORD, plus grands sont les profits de FORD -- Keynes dit : « Les hommes d'affaires récupèrent ce qu'ils déboursent »--. Il n'est donc pas indifférent d'accorder plus d'attention à la manière dont les décisions sont prises en matière d'acomptes sur dividende et de dividendes.

Le paradigme de la noria introduit un biais sur les représentations des profits perçus comme étant immédiatement disponibles, assimilables à n'importe quel coût, et notamment aux salaires.

On s'éloigne alors de la réalité. En effet, les profits habituellement distribués sous forme de dividendes, apparaissent réellement bien longtemps après la vente – neuf mois au plus tard après la fin de l'exercice en France, selon la loi--. De plus, contrairement à ce que Henry Ford écrit, ils ne font pratiquement pas partie des revenus des travailleurs.

En d'autres termes, les profits payés d'avance rendent solvable sur les marchés, une demande rattachée à une offre encore virtuelle. Ce faisant, ils permettent à la production actuelle de s'écouler à des prix jugés satisfaisants pour les producteurs. L'économie dans son ensemble échappe par ce moyen à une situation de surproduction générale et de déflation vers laquelle la conduit inexorablement le défaut des moyens monétaires issus des profits restant à constater. D'ailleurs, la part d'acomptes sur dividende dans la demande qui est faite à une entreprise peut être le signe de l'attractivité que ses produits exercent sur les consommateurs — c'est sans doute le cas d'APPLE, par exemple, dont la trésorerie est pléthorique—. Cette part spécifique n'est pas mesurable, car la grandeur dont il est question ici, n'est agrégée nulle part dans les statistiques. La traçabilité des acomptes sur dividende n'est pas du tout à l'ordre du jour des recherches économiques. Le paradigme néfaste de la noria fait ici obstacle à l'identification d'éléments susceptibles de mettre à mal « l'identité" » nécessaire et « naturelle » de la Production et de la Consommation. Or, ce qui peut faire illusion quand les opérations se déroulent en des lieux spécifiques, comme sur les quais des ports maritimes, n'a plus de sens quand la démultiplication des places de marchés ne permet plus de visualiser simultanément les opérations d'avances financières et leur reconstitution sous forme de profits. La noria est maintenant éclatée en mille lieux dispersés à tout vent, façon puzzle, et il n'y a plus d'axe central visible autour duquel se déplacent les supports.

Et pourtant, cette vision primitive devenue totalement obsolète, de l'égalité de la Demande et de l'Offre continue, telle une persistance rétinienne, d'être une référence dans la théorie contemporaine. On la retrouve dans la célèbre salle des ventes walrassienne, avec son commissaire-priseur qui "crie des prix" au hasard. Il s'agit là d'une plate-forme parcellisée, qui se situe partout et nulle part, moins ancrée sur son territoire que le port maritime, mais toujours perçue comme lieu d'équilibre classique entre la production et la consommation. On veut nous faire admettre que, s'ils sont rendus suffisamment fluides, les marchés devenus efficients ne laissent mécaniquement place ni à la pénurie, ni à la surproduction. *« L'offre se donne rendez-vous à elle-même »* (Fernand Braudel). De ce fait, la théorie économique éloigne toujours plus l'observateur de la réalité.

Le paradigme de la noria demeure sous-jacent dans la réflexion walrassienne sur l'équilibre. Ce qui se remplit d'un côté, dit-on, se vide intégralement d'un autre, fût-il diamétralement à l'opposé.

L'observation des faits économiques démontre que les événements ne se déroulent pas de manière aussi prévisible.

CHAPITRE 4

Les profits payés d'avance

Le paradigme de la noria occulte l'origine du profit en laissant tenir pour vrai qu'il est implicitement contenu dans l'offre dès sa conception – d'ailleurs l'offre n'est pas lancée si le stimulant de la perspective de profit est absent--. La naissance de l'offre qui s'ensuit s'accompagne de manière explicite, cette fois, d'avances financières qu'il faut reconstituer.

A titre d'exemple, avant d'observer onze panels d'entreprises de 2007 à 2017, extraits d'une cohorte débutant en 2003, et qui s'allonge encore aujourd'hui, il peut être utile de présenter maintenant une description d'acompte sur dividende concernant une petite entreprise française contemporaine. Il s'agit d'une première illustration de ce comportement financier si peu étudié jusqu'alors.

GTT (GAZTRANSPORT & TECHNIGAZ)

Ce groupe d'ingénierie, fort de plus de trente années d'expérience en mer, est spécialisé dans la conception de systèmes de stockages gaziers destinés principalement aux méthaniers.

Les ventes sont tirées essentiellement par les redevances que le groupe perçoit sur les équipements qu'il conçoit.

GTT dispose d'une visibilité sur son chiffre d'affaires pluri-annuel grâce à son carnet de commandes.

Sur la base de ces éléments et sous réserve de reports ou annulations significatifs de commandes, GTT annonce chaque année un objectif de chiffre d'affaires dans une fourchette actualisée (pour

2017, la fourchette est de 225 à 240 millions d'euros), et anticipe toujours un taux de marge sur le résultat net, de plus de 50%.

Conformément à sa politique, qui prévoit un taux de distribution de 80% des résultats, GTT annonce chaque année qu'un **acompte sur dividende** de la moitié du dividende prévu pour l'année, est payé en septembre de l'année où se tient l'Assemblée Générale Ordinaire qui approuve les résultats de l'année précédente.

Il s'agit d'un profit payé d'avance, qui est retranché du montant des dividendes futurs à distribuer, lesquels sont établis bien plus tard, six à huit mois après l'acompte. Ainsi, le solde du dividende 2016 est payé le 29 mai 2017. Le dividende 2016 est finalement de 2.66 €, dont on défalque 1.33 € déjà payés le 30 septembre 2016.

Le capital social de GTT (GAZTRANSPORT & TECHNIGAZ) se compose de 35 416 666 actions. L'**acompte sur dividende** est fixé chaque année, en moyenne autour de 1,4 € par action. Ainsi, le montant total de l'acompte annuel versé en septembre pour un exercice qui s'achève en décembre est de :

35 416 666 actions x 1,4 € = 49 583 332 €

La distribution de ce profit payé d'avance — ici, 3 mois avant la clôture, 8 mois avant l'AGO — se décide sur la base des chiffres de l'entreprise (carnet de commandes, principalement) mais aussi, comme nous l'avons déjà vu avec PERNOD, en appliquant une règle de gouvernance spécifique à l'entreprise, qui consiste à proposer aux actionnaires le paiement d'avance d'un acompte à hauteur de la moitié du dividende de l'année en cours prévu par GTT (ou de l'année précédente, pour PERNOD).

Quels que soient les fondements de la décision prise par le chef d'entreprise, la rationalité de la démarche demeure individualiste. Il s'agit bien de volonté humaine. A aucun moment, cependant, les chefs d'entreprise du reste de l'économie ne sont informés du montant des acomptes sur dividende décidés par leurs homologues.

De même, la manière dont ce revenu est utilisé sur les marchés est une fonction des préférences individuelles de l'actionnaire devenu consommateur libre de ses choix.

On peut seulement présumer qu'il est peu probable de voir ces revenus individuels s'orienter massivement vers l'acquisition de méthaniers.

Les profits payés d'avance n'ont pas vocation à être dépensés dans les branches qui les ont vus naître. Ils vont en revanche, faciliter l'écoulement des marchandises fabriquées par une multitude d'entreprises à travers la planète.

La nature des dépenses-et des recettes

Après avoir évoqué l'orientation des dépenses effectuées dans l'économie grâce aux acomptes, qu'en est-il maintenant du point de vue des recettes de l'entreprise et de l'origine des flux monétaires qu'elle encaisse ? Il convient de reconnaître qu'une certaine partie des flux entrant comme chiffre d'affaires se compose d'acomptes sur dividendes payés par d'autres entreprises à leurs actionnaires, qui les dépensent en lui achetant des produits sans que l'entreprise n'ait à connaître ni l'origine ni la nature des sommes qui lui sont remises.

Autrement dit, les entreprises connaissent les montants des profits qu'elles payent d'avance à leurs actionnaires, mais ignorent tout de l'origine des fonds qui leur parviennent, lorsqu'il s'agit d'acomptes sur dividendes.

En recevant des acomptes sur dividendes pour payement, l'entreprise reçoit des signes monétaires représentatifs de marchandises encore en stock ou en fabrication. Elle livre à ces clients des marchandises bien réelles, qui ont un prix et dégagent une marge. Le profit de l'entreprise qui offre sa production se compose donc en partie de l'avance financière faite par les autres entreprises à leurs propres ayant-droits.

Il en découle que, si les entrepreneurs ne prennent pas les décisions d'acomptes sur dividende simultanément les uns avec les autres, l'équilibre économique général entre l'offre et la demande est compromis. Il peut y avoir pénurie de marchandises et inflation si les acomptes sur dividendes atteignent des niveaux trop élevés, disproportionnés, voire d'une exubérance irrationnelle, ou au contraire, s'ils sont trop faibles, austères voire ascétiques, il y a surproduction des marchandises et déflation.

Les outils de la rationalité dans ce domaine sont d'une faiblesse insigne. On peut dire que l'information n'est pas asymétrique, elle est tout simplement inexistante. En ce qui concerne l'acompte sur dividende versé par les chefs d'entreprise, il règne le brouillard le plus dense.

Le paradigme de la noria étouffe toute recherche d'information. Il maintient la confusion la plus totale entre la nature des cargaisons qui arrivent au port avec une valeur estimée provisoirement imprécise, et celle des cargaisons au départ, dont le coût est avéré, contractuellement dû et exigible à terme (rentes, redevances et intérêts), y compris, en ce qui le concerne, le profit espéré qui est conçu à tort comme un coût déterminé. Il est donc nécessaire que la reconstitution des avances puisse avoir lieu, sinon les échanges s'arrêtent. Si tel est le cas, si les acomptes sur dividendes sont insuffisants, la conséquence tient dans ce constat établissant la probabilité de la surproduction générale. Et si la reconstitution n'en est pas possible parce que les acomptes sur dividendes sont engloutis dans des spéculations financières insensées, la panique s'installe.

La cohorte des onze panels 2007-2017

Avant d'examiner les perspectives ouvertes à la recherche dans le chapitre suivant, voici onze tableaux d'acomptes sur dividendes payés entre 2007 et 2017.

Notons que dans la période où j'ai alimenté la cohorte qui suit, le niveau des résultats nets courants part du groupe des sociétés cotées à la bourse de Paris est resté bien inférieur à ce qu'il était en 2007. L'année 2016 est encore en retrait de 16 % par rapport au plus haut atteint avec les résultats de 2007, même si pour la première fois depuis 2007 toutes les entreprises du CAC 40 ont été profitables.

C'est donc dans un contexte plutôt atone que se présentent ces observations bien documentées dont l'analyse logique devrait finir par s'imposer pour revisiter les théories de l'origine du profit.

PANEL 2007 - 41 ENTREPRISES

Exemples d'acomptes sur dividendes distribués en 2007 - Panel 39 entreprises						Nb de jrs en avance	Date de Clôture
Rg	Raison Sociale	Date Versement	Acompte € / action	Nb d'actions détenues sur les marchés	Montant total distribué (€)		
1	Total	18/11/07	1,00	2 395 816 251	**2 395 816 251,00**	40	**31 DÉCEMBRE 2007**
2	Telefonica	01/11/07	0,35	4 773 493 000	**1 670 722 550,00**	60	
3	Elf Aquitaine	02/11/07	4,00	281 230 884	**1 124 923 536,00**	59	
4	EDF	04/11/07	0,58	1 810 345 000	**1 050 000 100,00**	57	
5	B.Popular	28/09/07	0,70	1 215 434 000	**845 942 064,00**	94	
6	Repsol	01/11/07	0,50	1 220 862 000	**610 431 000,00**	60	
7	BBVA	10/10/07	0,15	3 747 000 000	**569 544 000,00**	82	
8	Endesa	02/12/07	0,50	1 058 000 000	**529 000 000,00**	29	
9	Vinci	20/12/07	0,47	487 751 835	**229 243 362,45**	11	
10	Camaïeu	01/11/07	35,00	6 060 204	**212 107 140,00**	60	
11	Union Fenosa	21/12/07	0,62	304 678 986	**188 900 971,32**	10	
12	Abertis Infrastructur	01/10/07	0,28	638 409 000	**178 754 520,00**	91	
13	LVMH	03/12/07	0,35	489 937 410	**171 478 093,50**	28	
14	Arcelor-Mitta	17/09/07	0,25	639 774 327	**159 943 581,75**	105	
15	Arcelor Mitta	15/06/07	0,24	639 770 000	**153 544 800,00**	199	
16	Unibail-Rmco	15/10/07	1,75	81 866 741	**143 266 796,75**	77	
17	FCC	02/11/07	1,11	127 303 296	**141 306 658,56**	59	
18	Mapfre	08/11/07	0,06	2 275 324 000	**136 519 440,00**	53	
19	REE	01/07/07	0,70	135 270 000	**94 689 000,00**	183	
20	Dior	03/12/07	0,44	181 727 048	**79 959 901,12**	28	
21	Esso	26/09/07	4,00	12 854 578	**51 418 312,00**	96	
22	Kaufman&Br	10/07/07	2,20	22 277 174	**49 009 782,80**	174	
23	Kaufman&Br	10/12/07	2,20	22 277 174	**49 009 782,80**	21	
24	Sacyr	17/07/07	0,15	284 636 000	**42 695 400,00**	167	
25	Rallye	01/10/07	0,80	42 336 140	**33 868 912,00**	91	
26	Mercialys	04/10/07	0,36	72 918 918	**26 250 810,48**	88	
27	CF Alba	01/11/07	0,06	352 873 000	**21 172 380,00**	60	
28	UFF-Banque 2	01/11/07	1,10	16 215 000	**17 836 500,00**	60	
29	Realia1	01/07/07	0,12	130 567 001	**15 668 040,12**	183	
30	Realia2	01/12/07	0,12	130 567 001	**15 668 040,12**	30	
31	Tour Eiffel	07/08/07	3,00	5 193 003	**15 579 009,00**	146	
32	Inmob Sur	28/12/07	0,24	43 072 452	**10 337 388,48**	3	
33	Cement Mol	09/07/07	0,14	66 115 670	**8 925 615,45**	175	
34	U.E.Invsores	28/07/07	0,33	25 900 000	**8 417 500,00**	156	
35	ABC Arbitrag	02/11/07	0,17	36 263 994	**6 164 878,98**	59	
36	ENCE	19/09/07	0,03	169 860 000	**5 000 000,00**	103	
37	Affine	04/09/07	1,35	2 699 999	**3 644 998,65**	118	
38	Assya Capit	25/07/07	0,50	5 038 566	**2 519 283,00**	159	
39	SIIC-Paris	01/06/07	5,71	157 928	**901 768,88**	213	
40	Terreis	20/11/07	0,20	3 832 861	**766 572,20**	41	
41	Prim	10/10/07	0,05	13 033 152	**651 657,60**	82	
Montant distribué & Nb moyen de jrs avance					**11 071 600 399,01**	**88**	
(Source : Internet)							

PANEL 2008

Exemples d'acomptes sur dividendes distribués en 2008 - Panel 77 entreprises						Nb de jrs en avance	date de clôture
Rg	Raison Sociale	Date Versement	Acompte € / action	Nb d'actions détenues sur les marchés	Montant total distribué (€)		
1	Total	14/11/08	1,14	2 371 548 273	**2 703 565 031,22**	47	31 décembre 2008
2	Telefonica	12/11/08	0,50	4 773 493 000	**2 386 746 500,00**	49	
3	Vodaphone	01/12/08	0,04	52 471 570 000	**2 046 391 230,00**	30	
4	GDF-Suez	01/09/08	0,80	2 232 142 857	**1 785 714 285,60**	121	
5	ING	17/10/08	0,74	2 244 449 951	**1 660 892 963,74**	75	
6	France-Tel	11/09/08	0,60	2 608 830 717	**1 565 298 430,20**	111	
7	Elf Aquitaine	19/11/08	4,56	281 268 160	**1 282 582 809,60**	42	
8	Parmalat	28/08/08	0,77	1 652 419 000	**1 272 362 630,00**	125	
9	EDF	29/11/08	0,63	1 810 345 000	**1 140 517 350,00**	32	
10	Philip Morris	29/03/08	0,51	2 110 000 000	**1 076 100 000,00**	277	
11	Santander	01/11/08	0,14	6 254 000 000	**845 540 800,00**	60	
12	Santander	01/08/08	0,14	6 254 000 000	**844 290 000,00**	152	
13	BBVA	10/10/08	0,17	3 747 000 000	**625 749 000,00**	82	
14	BBVA	10/07/08	0,17	3 747 000 000	**625 749 000,00**	174	
15	Aegon	10/09/08	0,30	1 636 540 039	**490 962 011,70**	112	
16	Wachovia	20/04/08	0,25	1 750 000 000	**437 500 000,00**	255	
17	Ferrovial	15/11/08	0,38	948 700 000	**360 506 000,00**	46	
18	Dow Chemic	27/03/08	0,26	981 377 835	**255 158 237,10**	279	
19	Vinci	10/12/08	0,52	487 751 835	**253 630 954,20**	21	
20	Telefonica	16/07/08	0,05	4 773 493 000	**238 674 650,00**	168	
21	Banesto	03/11/08	0,32	697 390 000	**223 164 800,00**	58	
22	Abertis Infr	28/10/08	0,30	638 409 000	**191 522 700,00**	64	
23	Caterpillar	20/11/08	0,30	615 132 996	**184 539 898,80**	41	
24	LVMH	01/12/08	0,35	489 937 410	**171 478 093,50**	30	
25	Criteria	01/07/08	0,05	3 362 890 000	**168 144 500,00**	183	
26	BancoPopular	03/09/08	0,13	1 215 000 000	**157 950 000,00**	119	
27	Pernod	03/07/08	0,63	219 561 474	**138 323 728,62**	181	
28	Colgate	22/04/08	0,25	507 809 000	**126 952 250,00**	253	
29	BancoValenc	28/10/08	0,25	464 100 000	**116 025 000,00**	64	
30	Prosegur	14/10/08	0,18	617 124 564	**111 761 258,54**	78	
31	Cepsa	10/12/08	0,40	267 574 941	**107 029 976,40**	21	
32	BancoSabadl	29/08/08	0,08	1 224 014 000	**97 921 120,00**	124	
33	BancoSabadl	15/12/08	0,08	1 224 013 680	**97 921 094,40**	16	
34	APRR	01/12/08	0,85	113 038 156	**96 082 432,60**	30	
35	Akzo-Nobel	15/11/08	0,40	231 700 000	**92 680 000,00**	46	
36	Christian Dior 5	27/11/08	0,44	181 727 048	**79 959 901,12**	34	
37	Solvay	29/10/08	0,90	84 701 103	**76 230 992,70**	63	
38	Duro Felgue	26/09/08	0,71	102 000 000	**72 420 000,00**	96	

39	Safran	15/12/08	0,53	130 451 691	**69 139 396,23**	16	
40	Antena 3	15/09/08	0,32	211 113 000	**67 556 160,00**	107	
41	Mapfre	08/11/08	0,06	1 080 820 000	**64 849 200,00**	53	
42	Guyenne-Gasc.	14/04/08	9,00	6 768 335	**60 915 015,00**	261	
43	ESSO	23/09/08	4,00	12 854 578	**51 418 312,00**	99	
44	Sacyr	31/10/08	0,15	284 636 000	**42 695 400,00**	61	
45	Sacyr	10/07/08	0,15	284 000 000	**42 600 000,00**	174	
46	Bankinter	04/10/08	0,07	405 893 880	**35 230 000,00**	88	
47	Rallye	03/10/08	0,80	42 336 140	**33 868 912,00**	89	
48	MercialysCas	06/10/08	0,40	72 918 918	**29 167 567,20**	86	
49	Bankinter	05/07/08	0,07	386 876 000	**27 081 320,00**	179	
50	Avasa Aut	16/07/08			**23 390 000,00**	168	
51	Kaufman&Br	29/08/08	0,94	22 277 174	**20 940 543,56**	124	
52	Realia	19/06/08	0,07	277 027 027	**20 500 000,00**	195	
53	Tour Eiffel	08/08/08	3,50	5 193 003	**18 175 510,50**	145	**31 décembre 2008**
54	UFF-FB	06/11/08	1,00	16 231 226	**16 231 226,00**	55	
55	Provimi	07/11/08	0,55		**14 400 000,00**	54	
56	BancoPastor	29/09/08	0,06	261 685 468	**14 392 700,74**	93	
57	BancoGuipuz	14/10/08	0,09	149 760 000	**13 478 400,00**	78	
58	Kaufman&Br	30/05/08	0,57	22 277 174	**12 697 989,18**	215	
59	Catalana Occ	04/10/08	0,10	120 000 000	**12 000 000,00**	88	
60	Catalana Occ	18/07/08	0,10	120 000 000	**12 000 000,00**	166	
61	CementosMol	08/07/08	0,16	66 115 670	**10 578 507,20**	176	
62	BancoValenc	29/07/08	0,10	105 007 000	**10 500 700,00**	155	
63	U.E.Invers	25/10/08	0,35	25 900 000	**9 065 000,00**	67	
64	UniEurInv	28/07/08	0,33	25 900 000	**8 417 500,00**	156	
65	Groupe Vial	22/09/08	0,78	9 487 179	**7 400 000,00**	100	
66	ABC Arb	01/12/08	0,20	36 263 994	**7 252 798,80**	30	
67	Tubos Reun	04/10/08	0,04	200 000 000	**7 000 000,00**	88	
68	Damm	15/10/08	0,03	221 674 630	**6 650 238,90**	77	
69	Faes Farma	10/11/08	0,04	160 053 521	**6 402 140,84**	51	
70	LaboRovi	17/09/08	0,78		**3 915 000,00**	105	
71	Dreamnex	30/10/08	1,21	2 834 575	**3 429 835,75**	62	
72	Ventos	30/09/08	2,00	1 400 000	**2 800 000,00**	92	
73	Grupo Sehrs	10/09/08			**2 796 563,00**	112	
74	CVNE	31/10/08	0,14	14 200 000	**1 988 000,00**	61	
75	Affine	01/11/08	0,45	2 699 999	**1 214 999,55**	60	
76	Hitechpros	26/07/08	0,15	1 826 086	**273 912,90**	158	
77	Harvest	09/10/08	0,15	1 381 834	**207 275,10**	83	
Montant distribué & Nb moyen de jrs avance					**25 000 659 754,49**	**104**	
(Source : Internet)							

PANEL 2009

Exemples d'acomptes sur dividendes distribués en 2009 -						Nb de jrs en avance	Date de Clôture
Rg	Raison Sociale	Date Versement	Acompte € / action	Nb d'actions détenues sur les marchés	Montant total distribué (€)		
1	Total	18/11/09	1,14	2 235 400 000	**2 548 356 000,00**	43	31 décembre 2009
2	GDF-Suez	18/12/09	0,80	2 193 643 820	**1 754 915 056,00**	13	
3	France Telecom	27/08/09	0,60	2 648 395 291	**1 589 037 174,60**	126	
4	Elf-Aquitaine	13/11/09	4,56	281 288 448	**1 282 675 322,88**	48	
5	HSBC	18/05/09	0,06	11 915 000 000	**762 560 000,00**	227	
6	Vinci	14/12/09	0,52	520 004 831	**270 402 512,12**	17	
7	Arcelor-Mittal	15/03/09	0,15	1 560 914 610	**234 137 191,50**	291	
8	Belgacom	15/12/09	0,35	326 179 820	**114 162 937,00**	16	
9	Nike	10/12/09	0,22	485 930 000	**104 960 880,00**	21	
10	Dow Chemicals	25/03/09	0,10	981 377 835	**100 100 539,17**	281	
11	Sainsbury	10/11/09	0,05	1 832 002 857	**87 936 137,14**	51	
12	International Power	10/12/09	0,05	1 522 289 798	**77 636 779,70**	21	
13	Esso	23/09/09	4,25	12 854 578	**54 631 956,50**	99	
14	Neopost	10/12/09	1,65	30 873 957	**50 942 029,05**	21	
15	Home Retail	13/11/09	0,06	877 445 001	**49 136 920,06**	48	
16	Belfimmo	15/12/09	3,36	13 058 969	**43 878 135,84**	16	
17	Solvac	29/10/09	2,20	18 000 000	**39 600 000,00**	63	
18	STMicroel	28/05/09	0,03	910 307 305	**29 129 833,76**	217	
19	STMicroel	28/08/09	0,03	910 307 305	**29 129 833,76**	125	
20	STMicroel	28/11/09	0,03	910 307 305	**29 129 833,76**	33	
22	Burberry	17/11/09	0,05	433 666 000	**20 815 968,00**	44	
23	ABCArbitrage	15/12/09	0,20	40 628 203	**8 125 640,60**	16	
24	Affine	15/11/09	0,30	8 113 566	**2 434 069,80**	46	
25	Harvest	08/10/09	0,15	1 381 034	**207 155,10**	84	
Montant distribué & Nb moyen de jrs avance					**9 284 041 906,33**	**82**	
(Source : Internet)							

PANEL 2010

Exemples d'acomptes sur dividendes distribués en 2010 - Panel 13 entreprises						Nb de jrs en avance	Date de Clôture
Rg	Raison Sociale	Date Versement	Acompte € / action	Nb d'actions détenues sur les marchés	Montant total distribué (€)		
1	Total	17/11/10	1,14	2 242 500 000,00	**2 556 450 000,00**	44	**31 décembre 2010**
2	GDF Suez	15/11/10	0,83	2 249 261 625,00	**1 866 887 148,75**	46	
3	France Tel	09/09/10	0,60	2 648 762 412,00	**1 589 257 447,20**	113	
4	Vinci	16/12/10	0,52	549 846 485,00	**285 920 172,20**	15	
5	Pernod-Ricard	08/07/10	0,61	264 232 313,00	**161 181 710,93**	176	
6	Bristol Myers	30/08/10	0,28	499 484 935,00	**139 855 781,80**	123	
7	Prudential	30/08/10	0,05	2 539 213 686,00	**126 960 684,30**	123	
8	AEGIS	30/08/10	0,08	1 166 725 000,00	**93 338 000,00**	123	
9	Esso SAF	29/09/10	3,00	12 854 578,00	**38 563 734,00**	93	
10	Rallye	15/10/10	0,80	43 048 894,00	**34 439 115,20**	77	
11	Solvac	28/10/10	2,20	15 300 527,00	**33 661 159,40**	64	
12	Tour Eiffel	09/08/10	2,00	5 433 036,00	**10 866 072,00**	144	
13	Umicore	13/10/10	0,33	7 414 222,00	**2 409 622,15**	79	
Montant distribué & Nb moyen de jrs avance					**6 939 790 647,93**	**94**	
(Source : Internet)							

PANEL 2011

Exemples d'acomptes sur dividendes distribués en 2011 - Panel 42 entreprises						Nb de jrs en avance	Date de Clôture
Rg	Raison Sociale	Date Versement	Acompte / action	Nb d'actions détenues sur les marchés	Montant total distribué (€)		
1	Gdf Suez	15/11/2011	0,83	2 251 335 850	**1 868 608 755,50**	46	31 décembre 2011
2	HSBC	18/05/2011	0,10	17 421 753 621	**1 742 175 362,10**	227	
3	HSBC	18/08/2011	0,10	17 421 753 621	**1 742 175 362,10**	135	
4	HSBC	24/11/2011	0,10	17 421 753 621	**1 742 175 362,10**	37	
5	France Telec.	08/09/2011	0,60	2 648 859 953	**1 589 315 971,80**	114	
6	Total	03/12/2011	0,57	2 255 500 000	**1 285 635 000,00**	28	
7	EDF	16/12/2011	0,57	1 848 866 662	**1 053 853 997,34**	15	
8	LVMH	02/12/2011	0,80	490 642 232	**392 513 785,60**	29	
9	Vinci	15/12/2011	0,55	556 396 903	**306 018 296,65**	16	
10	Arcelor Mittal	30/03/2011	0,15	1 560 914 610	**234 137 191,50**	276	
11	Arcelor Mittal	14/06/2011	0,15	1 560 914 610	**234 137 191,50**	200	
12	Arcelor Mittal	12/09/2011	0,15	1 560 914 610	**234 137 191,50**	110	
13	Arcelor Mittal	12/12/2011	0,15	1 560 914 610	**234 137 191,50**	19	
14	Christian Dior	02/12/2011	0,98	181 727 048	**178 092 507,04**	29	
15	Heineken	06/09/2011	0,30	563 387 000	**169 016 100,00**	116	
16	Pernod	04/07/2011	0,67	219 683 074	**147 187 659,58**	27	
17	Safran	19/12/2011	0,25	412 000 000	**103 000 000,00**	12	
18	Befimmo	22/12/2011	3,94	17 427 474	**68 664 247,56**	9	
19	Neopost	14/11/2011	1,80	32 941 646	**59 294 962,80**	78	
20	Ciments Français	17/08/2011	1,50	36 361 280	**54 541 920,00**	136	
21	Thales	20/12/2011	0,25	202 328 457	**50 582 114,25**	11	
22	Mercialys	29/09/2011	0,54	92 010 013	**49 685 407,02**	93	
23	Bolloré	07/09/2011	2,00	24 821 355	**49 642 710,00**	115	
24	Bekaert	17/10/2011	0,67	59 976 198	**40 184 052,66**	75	
25	Solvac	27/10/2011	2,20	18 000 000	**39 600 000,00**	65	
26	Rallye	12/09/2011	0,80	45 621 419	**36 497 135,20**	110	
27	ESSO	29/09/2011	2,00	11 185 985	**22 371 970,00**	93	
28	Meetic	14/12/2011	0,87	22 989 848	**20 001 167,76**	17	
29	Sword Group	19/07/2011	1,70	9 289 965	**15 792 940,50**	165	
30	Acanthe Déve.	31/05/2011	0,14	110 392 200	**15 454 908,00**	214	
31	BinckBank	01/08/2011	0,20	74 500 000	**14 900 000,00**	152	
32	SIIC	20/06/2011	0,33	43 333 333	**14 300 000,00**	194	
33	Tour Eiffel	23/09/2011	2,10	5 731 977	**12 037 151,70**	99	
34	Aperam	30/03/2011	0,15	78 049 730	**11 707 459,50**	276	
35	Aperam	14/06/2011	0,15	78 049 730	**11 707 459,50**	200	
36	Aperam	12/09/2011	0,15	78 049 730	**11 707 459,50**	110	
37	Aperam	12/12/2011	0,15	78 049 730	**11 707 459,50**	19	
38	Rentabiliweb	07/11/2011	0,20	17 169 721	**3 433 944,20**	54	
39	Terreis	30/09/2011	0,27	7 871 693	**2 125 357,11**	92	
40	Paref	23/12/2011	2,00	1 000 000	**2 000 000,00**	8	
41	Custom sol.	23/12/2011	0,15	4 857 757	**728 663,55**	8	
42	Harvest	05/10/2011	0,20	1 381 034	**276 206,80**	87	
Montant distribué & Nb moyen de jrs avance					**13 875 261 622,92**	**93**	
(Source : Internet)							

PANEL 2012

Exemples d'acomptes sur dividendes distribués en 2012 - Panel 39 entreprises							
Rg	Raison Sociale	Date Versement	Acompte par action	Nb d'actions détenues sur les marchés	Montant total distribué (€)		31 décembre 2012
1	ENI	01/08/12	0,54	4 005 355 000,00	**2 162 891 700,00**	152	
2	Apple	30/09/12	2,12	932 214 000,00	**1 976 293 680,00**	92	
3	GDF	25/10/12	0,83	2 321 722 587,00	**1 927 029 747,21**	67	
4	France-Telecom	11/09/12	0,65	2 648 885 383,00	**1 721 775 498,95**	111	
5	Total	20/12/12	0,59	2 264 100 000,00	**1 335 819 000,00**	11	
6	Wal-Mart	01/04/12	0,32	3 383 540 000,00	**1 075 965 720,00**	274	
7	Wal-Mart	01/06/12	0,32	3 383 540 000,00	**1 075 965 720,00**	213	
8	Wal-Mart	01/09/12	0,32	3 383 540 000,00	**1 075 965 720,00**	121	
9	EDF	12/12/12	0,57	1 848 866 662,00	**1 053 853 997,34**	19	
10	BHP-Billiton	08/02/12	0,46	2 207 008 000,00	**1 024 051 712,00**	143	
11	Repsol	15/07/12	0,58	1 276 357 000,00	**737 096 167,50**	169	
12	LVMH	04/12/12	1,10	508 241 950,00	**559 066 145,00**	27	
13	Arcelor-Mittal	13/03/12	0,15	2 251 335 850,00	**337 700 377,50**	293	
14	Arcelor-Mittal	14/06/12	0,15	2 251 335 850,00	**337 700 377,50**	200	
15	Arcelor-Mittal	10/09/12	0,15	2 251 335 850,00	**337 700 377,50**	112	
16	Arcelor-Mittal	10/12/12	0,15	2 251 335 850,00	**337 700 377,50**	21	
17	Christian Dior	04/12/12	1,10	181 727 048,00	**199 899 752,80**	27	
18	Hermès	01/03/12	1,50	105 569 412,00	**158 354 118,00**	305	
19	Safran	17/12/12	0,31	416 129 032,26	**129 000 000,00**	14	
20	ANF	20/11/12	3,58	27 653 631,28	**99 000 000,00**	41	
21	Kingfisher	01/10/12	0,04	2 363 697 000,00	**87 645 884,76**	91	
22	Solvac	25/10/12	2,72	23 081 104,00	**62 780 602,88**	67	
23	Bolloré	03/08/12	2,00	25 705 387,00	**51 410 774,00**	150	
24	Thales	11/12/12	0,25	202 329 361,00	**50 582 340,25**	20	
25	Kaufm& Broad	12/11/12	2,31	21 584 658,00	**49 860 559,98**	49	
26	Befimmo	20/12/12	2,59	18 769 341,00	**48 612 593,19**	11	
27	Promeo	08/10/12	13,56	3 060 471,98	**41 500 000,00**	84	
28	Rallye	10/10/12	0,80	47 189 855,00	**37 751 884,00**	82	
29	Mercialys	15/10/12	0,25	92 022 826,00	**23 005 706,50**	77	
30	Burger King	29/11/12	0,03	350 061 000,00	**10 771 107,69**	32	
31	ABCArbitrage	01/12/12	0,20	52 076 986,00	**10 415 397,20**	30	
32	IDI	26/11/12	1,00	7 220 000,00	**7 220 000,00**	35	
33	SIIC	27/07/12	0,14	42 857 142,86	**6 000 000,00**	157	
34	Marnier Lapost..	20/12/12	50,00	85 000,00	**4 250 000,00**	11	
35	Terreis	15/11/12	0,15	24 922 238,00	**3 738 335,70**	46	
36	Aubay	26/10/12	0,10	13 303 231,00	**1 330 323,10**	66	
37	CFI	31/07/12	1,00	854 224,00	**854 224,00**	153	
38	Sapec	17/09/12	0,50	1 355 000,00	**677 500,00**	105	
39	Harvest	12/10/12	0,20	1 381 034,00	**276 206,80**	80	
Montant distribué & Nb moyen de jrs avance					**18 159 705 698,1**	**96**	
(Source : Internet)							

PANEL 2013

Exemples d'acomptes sur dividendes distribués en 2013 - Panel 20 entreprises						Nb de jrs en avance	Date Cloture
Rg	Raison Sociale	Date Versement	Acompte par action	Nb d'actions détenues sur les marchés	Montant total distribué (€)		
1	ENI	26/09/13	0,55 €	3 634 183 000	1 998 800 650,00 €	96	31 décembre 2013
2	Total	24/09/13	0,59 €	2 365 933 146	1 395 900 556,14 €	98	
3	Lagardere	25/05/13	9,00 €	131 133 286	1 180 199 574,00 €	220	
4	Orange (Fr.-Telecom)	10/12/13	0,30 €	2 648 885 383	794 665 614,90 €	21	
5	Coca Cola	01/04/13	0,22 €	2 322 034 000	500 130 400,00 €	274	
6	Pernod	02/07/13	0,79 €	265 310 606	209 595 378,74 €	29	
7	Christian Dior	25/04/13	1,10 €	181 727 048	199 899 752,80 €	66	
8	Thales	10/12/13	0,27 €	202 339 675	54 631 712,25 €	21	
9	Bollore	10/09/13	2,00 €	27 173 266	54 346 532,00 €	112	
10	Ciments Français	07/08/13	1,50 €	35 798 136	53 697 204,00 €	146	
11	SFL	18/10/13	0,70 €	46 528 974	32 570 281,80 €	74	
12	ARM Holdings	05/10/13	0,03 €	1 260 121 000	31 755 049,20 €	87	
13	ABC Arbitrage	05/12/13	0,20 €	52 265 990	10 453 198,00 €	26	
14	Terreis	15/11/13	0,32 €	24 785 000	7 931 200,00 €	46	
15	Tour Eiffel	27/09/13	1,20 €	6 227 218	7 472 661,60 €	95	
16	Europacorp	30/09/13	0,12 €	29 315 154	3 517 818,48 €	92	
17	Aubay	25/10/13	0,10 €	13 477 300	1 347 730,00 €	67	
18	CFI Foncière	01/08/13	1,40 €	854 224	1 195 913,60 €	152	
19	Harvest	15/10/13	0,20 €	1 381 034	276 206,80 €	77	
20	Cifocoma SCPI	02/05/13	6,60 €	17 025	112 365,00 €	243	
Montant distribué & Nb moyen de jrs avance					**6 538 499 799,3**	**102**	
(Source : Internet)							

PANEL 2014

acomptes sur dividendes distribués en 2014 - Panel 20 entreprises							
Rg	Raison Sociale	Date Versement	Acompte par action	Nb d'actions détenues sur les marchés	Montant total distribué (€)	Nb de jrs en avance	Date Clo-ture
1	Total	02/06/14	0,61	**2 365 933 146**	1 443 219 219,06	212	31 décembre 2014
2	Orange	05/12/14	0,50	2 648 885 383	1 324 442 691,50	26	
3	GDF	13/10/14	0,50	**2 261 175 643**	1 130 587 821,50	79	
4	Tesco	01/09/14	0,14	8 030 255 000	1 124 235 700,00	29	
5	Rio Tinto	07/08/14	0,70	1 414 150 000	989 905 000,00	146	
6	Vinci	11/11/14	1,00	610 499 669	610 499 669,00	50	
7	Christian Dior	14/04/14	1,20	**181 727 048**	218 072 457,60	77	
8	Pernod-Ricard	25/06/14	0,82	265 421 592	217 645 705,44	5	
9	Klepierre	31/10/14	0,91	199 470 340	181 518 009,40	61	
10	Belgacom	24/10/14	0,50	360 000 000	180 000 000,00	68	
11	GeneraleSanté	02/12/14	1,40	**56 427 195**	78 998 073,00	29	
12	Thalés	10/12/14	0,34	206 799 950	70 311 983,00	21	
13	Solvac 1	25/09/14	2,72	**25 578 267**	69 572 886,24	97	
14	GTT	10/09/14	1,59	**37 106 918**	59 000 000,00	112	
15	Umicore	04/09/14	0,50	111 257 000	55 628 500,00	118	
16	Befimmo	06/12/14	2,59	21 354 000	55 306 860,00	25	
17	Bolloré	10/10/14	2,00	27 341 960	54 683 920,00	82	
18	Solvac 2	29/12/14	2,00	**25 578 267**	51 156 534,00	2	
19	CFI	30/06/14	51,50	854 224	43 992 536,00	31	
20	Allianz Pierre	28/04/14	15,00	2 421 335	36 320 025,00	247	
21	Altran	18/06/14	0,11	174 979 045	19 247 694,95	196	
22	WHSmith	26/11/14	0,15	122 274 946	18 341 241,90	35	
23	IDI	24/11/14	1,50	7 700 000	11 550 000,00	37	
24	UFF	06/11/14	0,70	16 233 240	11 363 268,00	55	
25	Arbitrage	23/10/14	0,20	55 178 484	11 035 696,80	69	
26	Cegereal	23/12/14	0,75	13 372 500	10 029 375,00	8	
27	Euro	24/11/14	0,14	62 491 281	8 748 779,34	37	
28	Terreis	11/11/14	0,34	25 259 750	8 588 315,00	50	
29	Touax	30/12/14	0,50	7 399 410	3 699 705,00	1	
30	Aubay	28/10/14	0,11	14 023 000	1 542 530,00	64	
31	SIIC	05/05/14	0,23	6 618 080	1 522 158,40	240	
32	Harvest	10/10/14	0,20	1 381 000	276 200,00	82	
Montant distribué & Nb moyen de jrs avance					**8 101 042 555,1**	**75**	

PANEL 2015

	Raison Sociale	Verse-ment	Acompte €	Nb d'actions	Montant versé €	Nb Jrs avant Fin d'Exer-cice	Clôture
							31/12/2015
1	Total	22/09/15	0,61	2 249 300 000	1 372 073 000,00	100	
2	Vivendi	29/06/15	1,00	1 367 674 952	1 367 674 952,00	185	
3	GDF-Engie	15/10/15	0,55	2 435 285 011	1 339 406 756,05	77	
4	EDF	01/12/15	0,57	1 561 222 705	889 896 941,85	30	
5	LVMH	02/12/15	1,25	508 175 593	635 219 491,25	29	
6	Orange	23/04/15	0,20	2 648 885 383	529 777 076,60	252	
7	Vinci	12/11/15	0,57	599 813 778	341 893 853,46	49	
8	Pernod	06/07/15	0,82	288 762 960	236 785 627,20	178	
9	Dior	23/04/15	1,25	180 507 516	225 634 395,00	68	30 juin 2015
10	RTL	05/10/15	1,00	154 787 554	154 787 554,00	87	
11	Thales	09/12/15	0,35	209 296 366	73 253 728,10	22	
12	Befimmo	01/12/15	2,59	22 672 000	58 720 480,00	30	
13	Umicore	03/09/15	0,50	108 062 000	54 031 000,00	119	
14	Solvac2	24/12/15	2,185	20 353 357	44 472 084,81	7	
15	Solvac1	27/08/15	2,122	20 353 357	43 189 823,32	126	
16	Acanthe	17/08/15	0,27	147 125 260	39 723 820,20	136	
17	UFF	05/11/15	0,85	16 233 240	13 798 254,00	56	
18	Terreis	13/11/15	0,38	25 157 613	9 559 892,94	48	
19	ADA	07/12/15	1,50	2 922 633	4 383 949,00	24	
20	DNX	08/01/15	0,77	2 834 575	2 182 622,75	357	
21	Aubay	10/11/15	0,13	13 020 296	1 692 638,48	51	
22	Visiodent	26/06/15	0,11	4 504 229	495 465,19	4	30 juin 2015
					7 438 653 406,20	93	

PANEL 2016

	Raison Sociale	Versement	Acompte €	Nb d'actions	Montant versé €	Nb Jrs avant Fin d'Exercice	Clôture
							31/12/2016
1	Total	15/12/16	0,61	2 451 334 115	1 495 313 810,15	16	
2	Engie	14/10/16	0,50	2 435 285 011	1 217 642 505,50	78	
3	EDF	31/10/16	0,50	2 109 136 683	1 054 568 341,50	61	
4	Sainsbury	20/11/16	0,36	2 186 800 000	787 248 000,00	41	
5	LVMH	29/11/16	1,50	507 027 398	760 541 097,00	32	
6	Unibail	29/03/16	6,06	98 617 297	597 620 819,82	277	
7	Orange	05/12/16	0,20	2 660 056 599	532 011 319,80	26	
8	BHP Billiton	23/02/16	0,16	2 112 072 000	337 931 520,00	312	
9	Solvay	28/12/16	3,30	84 701 133	279 513 738,90	3	
10	Christian Dior	21/04/16	1,35	181 727 048	245 331 514,80	70	30/06/2016
11	Pernod	05/07/16	0,90	265 421 592	238 879 432,80	179	
12	Bpost	12/12/16	1,06	200 000 000	212 000 000,00	19	
13	KPC	01/11/16	1,00	190 000 000	190 000 000,00	60	
14	Kering	17/01/17	1,50	126 279 322	189 418 983,00	-17	
15	Colas	05/12/16	5,45	32 654 499	177 967 019,55	26	
16	Casino	28/11/16	1,56	110 969 966	173 113 146,96	33	
17	Belfius(Dexia)	14/04/16			150 000 000,00	261	
18	Thalès	07/12/16	0,40	211 704 684	84 681 873,60	24	
19	ADP	07/12/16	0,70	98 960 602	69 272 421,40	24	
20	Umicore	25/08/16	0,60	112 000 000	67 200 000,00	128	
21	Bolloré	12/09/16	0,02	2 906 326 357	58 126 527,14	110	
22	Acanthe	04/11/16	0,30	147 125 260	44 137 578,00	57	
23	Mercialys	13/10/16	0,43	92 049 169	39 581 142,67	79	
24	Solvac	27/10/16	2,10	15 282 000	32 092 200,00	65	
25	Neopost	02/02/17	0,80	34 562 912	27 650 329,60	-33	
26	AéroportToulouse	21/10/16			15 000 000,00	71	
27	Ascensio	19/12/16	0,30	44 137 578	13 241 273,40	12	
28	Chargeurs	19/09/16	0,20	22 966 144	4 593 228,80	103	
29	Aubay	10/11/16	0,18	13 020 296	2 343 653,28	51	
30	DNX	14/10/16	0,56	2 834 575	1 587 362,00	78	
31	Afone	04/01/16	0,20	212 755	1 127 314,80	178	30/06/2016
					9 099 736 154,47	78	

PANEL 2017

Exemples d'acomptes sur dividendes versés en 2017- Panel de 33 entreprises							
	Raison Sociale	**Versement**	**Acompte €**	**Nb d'actions**	**Montant versé €**	**Nb Jrs avant Fin d'Exercice**	**Clôture**
1	L S E	04/08/17	15,50	271 108 612	4 202 183 486,00	149	31/12/2017
2	AB-InBev	16/11/17	1,60	1 933 700 000	3 093 920 000,00	45	31/12/2017
3	Total	25/9/17	0,62	2 147 483 647	1 331 439 861,14	97	31/12/2017
4	Engie	13/10/17	0,35	2 435 285 011	852 349 753,85	79	31/12/2017
5	BHP-Billiton	25/02/17	0,40	2 112 072 000	844 828 800,00	309	31/12/2017
6	LVMH	07/12/17	1,60	506 986 871	811 178 993,60	24	31/12/2017
7	Orange	7/12/17	0,25	2 660 056 599	665 014 149,75	24	31/12/2017
8	Harvest	17/10/17	0,40	1 406 044 000	562 417 600,00	75	**31/12/2017**
9	ADP-Aéroports	06/12/17	0,70	803 453 714	562 417 600,00	25	31/12/2017
10	ADA	07/11/17	192,44	2 922 633	562 417 600,00	54	31/12/2017
11	Acanthe Dev	04/11/17	3,82	147 125 260	562 417 600,00	57	31/12/2017
12	Vinci	29/8/17	0,69	596 681 856	411 710 480,64	124	31/12/2017
13	AVIVA	04/08/17	0,10	4 011 167 260	401 116 726,00	149	31/12/2017
14	Christian Dior	07/12/17	1,60	180 507 516	288 812 025,60	24	31/12/2017
15	Pernod	5/7/17	0,94	265 421 592	249 496 296,48	-5	30/06/2017
16	Merlin Entertain	4/8/17	0,24	1 015 810 000	243 794 400,00	149	31/12/2017
17	Compass	10/05/17	0,13	1 644 334 000	213 763 420,00	235	31/12/2017
18	Hermés	22/02/17	1,50	105 569 412	158 354 118,00	312	31/12/2017
19	RTL	10/9/17	1,00	153 589 000	153 589 000,00	112	31/12/2017
20	Carmila	04/11/17	0,75	135 060 029	101 295 021,75	57	31/12/2017
21	Umicore	29/8/17	0,45	224 000 000	100 800 000,00	124	31/12/2017
22	Solvac	25/8/17	2,88	21 375 033	61 560 095,04	128	31/12/2017
23	Befimmo	10/12/17	2,59	23 202 000	60 093 180,00	21	31/12/2017
24	Bolloré	11/09/17	0,02	2 917 973 081	58 359 461,62	111	31/12/2017
25	Spie	10/9/17	0,16	154 076 156	24 652 184,96	112	31/12/2017
26	Mercialys	19/10/17	0,41	49 249 189	20 192 167,49	73	31/12/2017
27	Technip	26/9/17	0,13	119 180 434	15 493 456,42	96	31/12/2017
28	UFF	2/11/17	0,70	16 233 240	11 363 268,00	59	31/12/2017
29	Cnargeurs	29/09/17	0,25	23 209 500	5 802 375,00	93	31/12/2017
30	Terreis	16/11/17	0,40	7 871 693	3 148 677,20	45	31/12/2017
31	Aubay	07/11/17	0,23	13 088 996	3 010 469,08	54	31/12/2017
32	Coil	07/11/17	0,50	2 792 387	1 396 193,50	54	31/12/2017
	TOTAL PROVISOIRE 2017				**16 638 388 461,12**	96 JOURS	

Les données ont été recueillies sur Internet, à partir des communiqués financiers postés par les entreprises. La cohorte complète des observations débute en 2003 et s'accroît chaque année d'un panel supplémentaire de quelques dizaines d'entreprises qui partagent leurs informations sur les réseaux sociaux.

L'information est destinée aux marchés financiers et peut servir de signal sur la situation de l'entreprise.

Pour chaque société, ont été retenus la date du versement, le montant en euros de l'acompte par action, le nombre d'actions ouvrant droit au payement de l'acompte à la date convenue. Celle-ci est presque toujours fixée avant la fin de l'année – cela aide pour préparer les cadeaux de Noel--.

Le dividende décidé lors de l'AGO, qui n'est pas indiqué dans ces relevés, est donc un solde calculé par différence entre le montant du résultat effectivement réalisé et les acomptes déjà payés plusieurs mois auparavant, avant même la clôture de l'exercice.

Il est fréquent que l'acompte soit supérieur au solde.

Pour mesurer l'impact de ces opérations sur les marchés en termes d'augmentation du pouvoir d'achat, il faut faire le produit du nombre d'actions par le montant de l'acompte. Le résultat indique les sommes mises à la disposition des actionnaires qui en font ce qu'ils veulent. Dans nos tableaux, par exemple, il apparaît que TOTAL a payé d'avance **2 395 816 251,00 €,** le 18 novembre 2007, et LONDON STOCK EXCHANGE**, 4 202 183 486,00 €,** le 4 Aout 2017.

Les 373 versements présentés dans les tableaux 2007 - 2017 donnent un aperçu de la diversité des montants distribués. Ces informations apportent un éclairage sur le cheminement par lequel la demande globale rejoint l'offre globale. Les profits payés d'avance relèvent instantanément le niveau de la demande globale, et pour pouvoir être reconstitués, ils stimulent l'offre à mettre sur le marché, à condition que les autres sociétés prennent des décisions semblables. Elles suggèrent donc fortement qu'il est nécessaire de creuser des mines d'informations sur ce sujet totalement méconnu des observateurs.

Dividende et salaire

Arrivé à ce point de l'analyse, il faut rappeler une distinction concernant le dividende proprement dit.

Il n'y a pas d'assimilation possible entre le dividende pour l'actionnaire et le salaire pour le salarié, comme le soutenait Henry Ford (voir P.64).

Quand votre salaire arrive sur votre compte en banque, vous êtes plus riche de son montant. Quand le dividende arrive sur le compte en banque de l'actionnaire, l'actionnaire n'est pas plus riche du montant du dividende, car au même moment la valeur de l'action a baissé du montant du dividende payé. Son patrimoine est toujours le même, 100 par exemple, simplement au lieu d'avoir 100 en actions, il a maintenant 97 en actions et 3 en liquidités[24]. Alors que si vous aviez 100 de patrimoine avant de toucher votre salaire de 3, à sa perception, votre patrimoine passe à 103.

La situation est différente avec l'acompte sur dividende. Il n'y a pas de liquéfaction partielle du patrimoine, comme c'est le cas lorsque le dividende est payé. Le patrimoine sera recomposé quand l'acompte sera reconstitué et soldé avec le dividende final. Un profit payé d'avance, c'est une opération de trésorerie avec une incidence boursière, certes, mais sans incidence comptable pour la valeur de l'action. S'il n'est pas reconstitué, il peut y avoir délit de distribution de dividendes fictifs, ce qui protège le patrimoine de l'actionnaire qui sait se défendre.

En revanche, les réglements opérés par le moyen de ces liquidités spécifiques, sont comptabilisés comme des "ventes" par les fournisseurs, qui les enregistrent et y trouvent explicitement leur profit. Ils n'ont que faire de l'origine des fonds. Et les banquiers non plus, d'ailleurs, qui reçoivent ces dépôts et qui les utilisent comme tout autre dépôt pour conforter leurs ratios de liquidité.

Seul l'économiste peut voir que les marchandises actuellement vendues s'échangent à ce moment-là contre des marchandises virtuelles qui ont pris momentanément, avant d'être elles-mêmes vendues, une forme monétaire par anticipation, laquelle devient "profit" pour le vendeur des marchandises actuelles. À son tour, celui-

---

[24] La Lettre Vernimmen.net n°135 d'octobre 2015 et 152 Octobre 2017.

ci devient acheteur, décide un acompte sur dividende et devient l'origine du profit pour un autre vendeur.

Ces avances financières peuvent être consommées, mais aussi épargnées ou investies.

Supposons qu'elles soient placées à 15% dans des fonds d'investissements – ce qui est une infidélité notoire et consentie à l'entreprise qui les a payées – elles produisent des intérêts actualisables :

Par exemple, ici, à 15% sur 90 jours :

Pour 3 mois, pour ces sociétés, par exemple en 2007 et 2017,

- panel 2007, **11 071 600 399,01 € d'acomptes**
- rapportent ainsi 415 185 014,96 € d'intérêts
- panel 2017, **16 638 388 461,12 €, d'acomptes**
- rapportent 623 939 567,29 € d'intérêts

C'est ainsi que les agents économiques font "tourner l'argent", comme le faisaient les armateurs et leurs commanditaires pré-industriels, mais cette fois évidemment, à une fréquence nettement plus élevée, à partir de lieux, souvent insulaires, paradisiaques et géolocalisables sur l'ensemble de la planète, et non plus dans les seuls ports de commerce européens.

Il ne s'agit plus de nos jours, d'une noria dont le paradigme doit être abandonné, mais d'une turbulence qui doit demeurer controlable si les bonnes données sont disponibles au bon moment, et surtout si les algorithmes des modèles économiques en tiennent compte. Sans parler des juges qui doivent s'intéresser aux "dividendes fictifs".

Le président de la Banque Centrale Européenne lance un appel dans ce sens aux économistes contemporains.

CHAPITRE 5

À la recherche du nouveau paradigme

Avant d'examiner la question de l'origine du profit du point de vue de la finance d'entreprise, lorsqu'elle traite de la politique des dividendes, il est utile de présenter le contexte global au sein duquel émergent de nouveaux paradigmes.

Discours de Mario Draghi aux Prix Nobel d'économie

L'interdépendance de la recherche économique et de l'élaboration des politiques fait l'objet d'un discours de Mario Draghi (1947-), président de la Banque Centrale Européenne, lors de la réunion des lauréats du Prix Nobel à Lindau, Allemagne, le 23 août 2017.[25]

Tous les lauréats du prix Nobel, nous dit Mario Draghi, partagent la capacité extraordinaire d'expliquer certaines parties de notre réalité quotidienne qui n'ont pas été comprises jusque là ou ont déjà été vues d'une perspective différente et moins féconde. Les économistes sont les constructeurs d'une science qui est également un guide pour l'élaboration des politiques. Leurs découvertes ont contribué à la façon dont nous pensons, à la façon dont nous faisons des politiques, à la façon dont nous touchons le bien-être de millions d'individus.

L'orateur se concentre, pour commencer, sur **la politique monétaire et la réglementation financière**.

Il s'intéresse d'abord au cadre macroéconomique d'avant crise.

---

[25] The interdependence of researChapitre and policymaking
Aug 23, 2017 SpeeChapitre by Mario Draghi, President of the ECB, at the Lindau Nobel Laureate Meeting, Lindau, Germany, 23 August 2017.
www.ecb.europa.eu

Le peu de capacité des modèles macroéconomiques d'après-guerre à prévoir avec précision les développements économiques des années 1970 et du début des années 1980 a ouvert des espaces pour de **nouvelles avancées dans la recherche**. Des progrès qui, dans l'ensemble, ont servi de base au consensus pré-crise qui a inspiré les banques centrales dans leur politique monétaire et leurs gouvernements dans leur position sur la réglementation et la supervision financières.

Le président de la Banque Centrale Européenne développe trois points qui lui paraissent importants.

1. L'accent est mis sur les **interactions entre les politiques et le comportement des agents économiques dans le cadre d'attentes rationnelles**.

2. La rigidité des prix et des salaires est souvent **le seul type de rigidité** envisagé dans l'économie.

3. Enfin, les marchés financiers et les intermédiaires -- leur réglementation, leurs imperfections et leur **supervision**-- ne jouent qu'un rôle mineur, voire totalement négligé dans les modèles macroéconomiques.

Dans les années 1970, nous dit l'orateur, les gouvernements tentent de maximiser le bien-être social, sous la forme d'un faible taux de **chômage** et d'**inflation**, en essayant de trouver un compromis à court terme entre les deux. Les idées d'un certain nombre de lauréats du prix Nobel montrent comment ces politiques devaient échouer et pourquoi elles étaient incohérentes. Les promesses de faire manquent de crédibilité. Ce qui rend difficile pour les décideurs d'**atteindre la stabilité des prix sans récession.**

Il est difficile de surestimer l'énorme impact que la critique de Robert Lucas (1937- Nobel 1995) et le problème de l'incohérence temporelle exercent sur la conduite de la politique monétaire au cours des 40 dernières années. Dans les années 1970, la plupart des banques centrales sont sous contrôle politique et obligées de suivre des politiques plus ou moins orientées vers le court terme. Au cours des années 1990 et 2000, l'importance de la crédibilité est de plus en plus appréciée et l'on démontre que **les banques centrales opérationnellement indépendantes** ayant un mandat clair pour **maintenir la stabilité des prix** améliorent beaucoup les résultats économiques.

Aujourd'hui, la plupart des banques centrales sont **indépendantes,** mais sous réserve d'un mandat établi par les législateurs. Grâce à l'indépendance, la communication de la politique monétaire est devenue beaucoup plus transparente.

Le président de la Banque Centrale Européenne poursuit, en évoquant la deuxième caractéristique dominante du paradigme qui prévaut avant la crise, incarné par l'accent mis sur **les rigidités** nominales des salaires et des prix. Les modèles, y compris ces rigidités, ont un pouvoir explicatif plus important que les modèles précédents et sont plus conformes aux pratiques de politique monétaire à ce moment-là. La stabilité des prix apparaît à la fois dans les mandats de la banque centrale et dans les modèles macroéconomiques, comme **l'objectif primordial** que les banques centrales doivent poursuivre afin de maximiser le bien-être social. On peut voir une **« science de la politique monétaire » se développer**.

Mais on note une absence criante du rôle des banques et des finances dans ces modèles. La rigidification des salaires et des prix, semble être suffisante pour fournir une caractérisation réaliste du mécanisme de transmission de la politique monétaire dans les principaux modèles macroéconomiques. En général, les taux d'intérêt auxquels sont confrontés les ménages et les entreprises sont régulièrement alignés sur les mouvements des taux de la banque centrale.

Le premier réseau de recherche de l'Eurosystème à la BCE a mis en lumière la chaîne dite de crédit bancaire, qui maintient que les banques jouent un rôle crucial dans la transmission de la politique monétaire.

En troisième lieu, Mario Draghi souligne que les économistes financiers étudient les banques et les marchés financiers beaucoup plus étroitement, mais **ils utilisent des modèles d'équilibre à prédominance partielle** et montrent moins d'intérêt pour la façon dont le système financier interagit avec l'économie dans son ensemble.

En fait, le paradigme pré-crise de la macroéconomie ne prévoyait ni le début ni la sévérité de la crise de manière significative pour la conduite de la politique.

La confiance inconditionnelle dans les capacités d'auto-réparation des marchés financiers, ou la négligence pure et simple, entraînent une déréglementation et une surveillance laxiste dans les années précédant la crise.

Un capital de faible qualité avec une faible capacité d'absorption des pertes, une sous-estimation du risque d'actif, un levier excessif et négligé, l'ignorance des interconnexions, le mépris des poches de liquidité, la faible résilience des marchés de financement et la fraude omniprésente, en particulier dans le secteur des « subprimes ». Tels sont juste quelques-uns des facteurs qui génèrent la crise financière la plus grave depuis la Grande Dépression.

L'orateur s'intéresse alors à l'évolution des crises de la dette financière et souveraine.

Au fur et à mesure que la crise se déroule, le marché de financement interbancaire s'assèche et la disponibilité du crédit diminue considérablement.

La croissance annuelle du crédit au secteur privé passe de 9,3% en 2007 au quatrième trimestre à -2,1% en 2009 au troisième trimestre aux États-Unis et de 8,5% à 0,7% dans la zone euro au cours de la même période. L'effet sur l'activité économique est soudain et significatif. Entre 2008 T3 et 2009 T2, le PIB diminue de 3,6% aux États-Unis et de 4,9% dans la zone euro.

Bien que l'effet initial de la contraction du crédit soit similaire aux États-Unis et dans l'Union européenne, sa propagation est considérablement différente du fait du système de financement de l'UE à prédominance bancaire. Les premières banques à trébucher en 2007 sont évidemment celles qui ont le plus investi dans des produits financiers dérivés qui ont perdu une grande partie de leur valeur. Ces banques sont principalement situées en Allemagne, en France et aux Pays-Bas, avec des positions fiscales comparables. Ensuite, à partir de 2008, il s'agit de plusieurs banques espagnoles et irlandaises, qui sont surexposées à l'effondrement du marché immobilier domestique.

La Commission européenne estime que, dans l'UE, l'aide du secteur public fournie en 2008 était d'environ 5% et en 2009 autour de 9% du PIB de l'UE. Les coûts budgétaires directs du soutien du secteur financier aux États-Unis entre 2007 et 2009 sont estimés à environ 5% du PIB.

Jusque-là, la dette souveraine, garantie par l'État est considérée comme effectivement sans risque, quelle que soit la cote du souverain. La crise grecque détruit cette illusion et induit une reprise générale des risques dans l'UE.

Les craintes de défaillance souveraine potentielle, avec un impact catastrophique probable sur les secteurs bancaires nationaux, entraînent la fragmentation des prêts interbancaires entre les pays et le financement des marchés dans la zone euro au niveau national. Cela menace la transmission même de la politique monétaire dans toute la zone euro. Les taux d'intérêt auxquels sont confrontés les entreprises et les ménages -- et même les souverains -- sont de plus en plus séparés des mouvements des taux de la banque centrale à court terme. La crise qui avait débuté en tant que crise mondiale devient désormais la crise de l'euro.

Le secteur financier joue un rôle important non seulement en propageant, mais aussi en provoquant des chocs négatifs pour l'économie.

Selon l'orateur, la crise qui en résulte incite les universitaires à réévaluer les paradigmes économiques existants. La redécouverte de la notion selon laquelle la politique peut jouer un rôle dans la coordination des attentes privées en période de forte incertitude joue un rôle majeur dans la transition vers le monde actuel d'après-crise.

Quelle a été, se demande Mario Draghi, l'évolution de la théorie économique en réponse à la crise ?

Un certain nombre de contributions académiques importantes au cours des années 80 se sont concentrées sur la manière dont un comportement individuel optimal pourrait changer en fonction de ce que les individus s'attendent à ce que d'autres agents privés fassent.

La présence de cette interdépendance entre les agents, ou comme on l'appelle, la **complémentarité stratégique**, conduit à de multiples résultats. Chacun de ces résultats est un équilibre rationnel. Les crises de la dette souveraine basées sur la panique sont des exemples d'intervention politique nécessaire pour éviter les « mauvais » résultats lors d'une crise financière.

Les banques centrales agissent pour éviter les paniques galopantes des déposants se ruant sur les banques depuis des siècles. Mais la crise financière montre **que des frictions financières sévères peuvent exacerber les complémentarités stratégiques**. En outre, le secteur financier de nos jours est beaucoup plus important par rapport à l'économie, et les ruées de panique bancaire sont en conséquence plus coûteuses.

Les progrès dans la littérature font incorporer ces idées dans des modèles macroéconomiques, afin de fournir un cadre théorique plus clair pour ces types d'interventions.

La recherche économique évolue également sur la façon dont les banques centrales devraient répondre à une crise émergente, en particulier lorsque leur instrument de politique monétaire standard, généralement un taux d'intérêt à court terme, atteint sa limite inférieure effective. À la limite inférieure, l'accommodement monétaire ne peut être fourni grâce à de nouvelles réductions des taux d'intérêt à court terme et la politique doit **devenir non standard.**

Une option est de s'appuyer sur des orientations prospectives, c'est-à-dire de promettre de maintenir les taux d'intérêt bas pour plus longtemps dans le futur. Ces engagements, s'ils sont crédibles, réduisent les taux d'intérêt à plus long terme et **fournissent des stimulants économiques, même si le taux d'intérêt actuel reste inchangé.**

La recherche dans le milieu universitaire et dans les banques centrales a donc réexaminé les outils alternatifs de politique monétaire, y compris les politiques dites d'assouplissement quantitatif (QE).

La BCE, que préside l'orateur, a également agi de diverses façons pour éviter que les attentes auto-réalisatrices ne produisent des résultats socialement indésirables en coordonnant les attentes sur les « bons résultats ».

Une telle initiative politique s'inscrit dans le fait d'intervenir comme prêteur en dernier recours pendant la crise financière.

Cependant, la tarification de ce risque entraîne une ventilation des marchés monétaires, une fragmentation des systèmes bancaires selon les lignes nationales et menace l'unité de la transmission de la politique monétaire dans toute la zone euro. En outre, les attentes alimentent un cercle vicieux. Le resserrement des conditions monétaires dans les pays touchés par la perception de risques divers exerce une pression à la baisse sur l'activité économique, ce qui exacerbe le risque perçu. De tels mouvements sont un exemple classique d'attentes conduisant à un résultat qui n'est pas optimal pour le bien-être social.

L'orateur évoque alors les politiques du secteur financier.

Tout d'abord, la réglementation et la surveillance du secteur financier sont beaucoup plus strictes. La qualité du capital réglementaire s'est améliorée et sa quantité a augmenté. Dans la zone euro, les banques ont considérablement renforcé leurs positions de capitaux, le ratio moyen de l'équité commune des établissements significatifs passant de 7% en 2008 à 13,5% d'ici la fin de 2016.

L'établissement d'un nouveau cadre d'analyse de résistance au stress donne une autre dimension quantitative au processus consistant à veiller à ce que, même dans un « scénario stressé » prédéfini, les institutions financières devraient rester bien capitalisées et être en mesure de continuer à accorder des prêts à des emprunteurs solvables.

Deuxièmement, les décideurs ont acquis de nouveaux outils macroprudentiels pour atténuer l'effet des cycles financiers sur l'économie. Partout dans le monde, les autorités imposent des mesures telles que les rapports prêt-valeur et prêt-bénéfice, afin de réduire le lien endogène entre le crédit et les prix de l'immobilier. Cette nouvelle approche macroprudentielle de la réglementation vise à protéger non seulement la solvabilité des banques individuelles, mais aussi l'intégrité systémique du système bancaire et sa capacité à continuer de fournir des financements au secteur privé non bancaire.

En plus de l'adoption mondiale globale d'une réglementation plus stricte, il y a aussi un certain nombre d'améliorations institutionnelles. Dans la zone euro, la surveillance bancaire est désormais assurée par le mécanisme unique de surveillance, composé de la BCE et des autorités nationales compétentes. Ceci a unifié la base sur laquelle la supervision est effectuée. Les banques les plus importantes sont désormais directement dirigées par Francfort, en étroite collaboration avec les autorités nationales. La zone euro a également mis en place le mécanisme de résolution unique pour assurer le sauvetage ordonné des banques en détresse, tout en réduisant l'impact sur le contribuable.

Et le Président Draghi de conclure :

On peut tirer cinq leçons pour les décideurs politiques.

Tout d'abord, les chocs soudains remettent en question le pouvoir explicatif des théories existantes.

Deuxièmement, une réponse politique qui a ses fondements dans une recherche rigoureuse est moins susceptible d'être dénaturée par un compromis politique et plus facile à expliquer au grand public.

Troisièmement, Keynes est souvent cité comme disant : « Lorsque les faits changent, je change d'avis. Qu'est-ce que vous faites, monsieur ? "

Pour les décideurs politiques, ce n'est pas si simple, et la recherche nous aide à décider si une modification des faits mérite une réponse politique.

Quatrièmement, lorsque le monde change comme il l'a fait il y a dix ans, les politiques, en particulier la politique monétaire, doivent être ajustées. Un tel ajustement, jamais facile, nécessite une évaluation honnête et sans préjugés des nouvelles réalités avec des yeux clairs, sans gêne due à **la défense des paradigmes précédents qui ont perdu tout pouvoir explicatif.**

Cinquièmement, nous devons être conscients des lacunes qui subsistent dans notre connaissance. Nos modèles macroéconomiques traditionnels ont encore peu à dire, par exemple, sur **la propagation non linéaire des chocs**, ou sur les impacts redistributifs des politiques.

Les mesures politiques menées au cours des dix dernières années dans la politique monétaire et dans la réglementation et la supervision ont rendu le monde plus résistant. Mais nous devrions continuer à nous préparer à de nouveaux défis.

Les changements que nous avons discutés, aussi profonds qu'ils soient, dépendent souvent **d'une idée fondamentale.** Une question naturelle à poser est de savoir si une telle idée est apparue comme une réponse à un problème de politique spécifique ou a été plutôt conçue précédemment dans un environnement intellectuel totalement différent. C'est une question particulièrement pertinente en économie, lorsque les opinions de consensus changent.

Commentaire sur les nouvelles avancées dans la recherche

Le conférencier appelle de ses vœux de **nouvelles avancées dans la recherche.**

Quelle est cette idée fondamentale qui préside aux changements ? Mario Draghi suggère que ce que l'on tient pour vrai ne l'est peut-être pas. Aujourd'hui, il serait de bonne inspiration de préconiser la réfutation de la « loi de Say » et de la négation de la surproduction générale issue du paradigme de la noria.

Il dit : *« Les économistes financiers ont utilisé des modèles d'équilibre à prédominance partielle et ont montré moins d'intérêt pour la façon dont le système financier interagissait avec l'économie dans son ensemble. »*

Cette négligence déplorable tient au biais présent dans les raisonnements issus du paradigme de la noria **qui nie le risque de surproduction générale.** Or, celle-ci est la cause de la récession et de la déflation, qui sont les plaies ouvertes par la fermeture des débouchés.

Les modèles ne semblent pas adaptés aux objectifs de la stabilité des prix sans récession. Mais pour qu'ils le soient, il faut commencer par reconnaître que la récession est un symptôme de surproduction générale. L'équilibre reste déterminé par l'offre. Ceci signifie que l'on tient pour vrai que les profits réalisés sont les profits espérés au moment du lancement des programmes de production et de la formation des prix. Cela est un véritable déni de réalité. Il n'y a pas de raison explicite pour que cette équivalence se produise. Pour savoir à quelles conditions l'offre devient égale à la demande, il faut inclure dans les modèles macroéconomiques cette contrainte essentielle :

Profits espérés - profits réalisés = 0

Alors, les exigences conditionnelles dissimulées dans les modèles d'équilibre conventionnels viennent au jour : l'optimum n'est atteint que si les profits constatés sont égaux aux avances financières et si celles-ci sont à la hauteur des profits espérés.

Si, comme il le souligne dans sa conclusion, le Président de la Banque Centrale Européenne est à la recherche d'une idée nouvelle, c'est sans doute dans cette direction qu'il doit tourner ses regards.

Les avances financières des uns peuvent être reconstituées grâce aux avances financières des autres.

Le lieu où la rationalité de ces comportements stratégiques peut être recherchée se situe dans le domaine de la finance d'entreprise, semble-t-il, pour la partie qui traite de la politique des dividendes.

CHAPITRE 6

La finance d'entreprise

La finance d'entreprise propose l'étude spécifique de décisions stratégiques fondamentales : la décision d'investissement, la décision de financement, la décision de **rémunération des fonds propres,** c'est à dire la politique de dividendes. Cette branche de l'analyse économique se situe dans un contexte d'ensemble où l'offre et la demande globale sont considérées comme équilibrées. La loi de Say demeure la référence, comme l'écrit Jeremy Rifkin (1945-) en 2014 :

« Affinant la loi de Say, une génération ultérieure d'économistes néoclassiques a fait valoir que les technologies nouvelles accroissent la productivité : grâce à elles, le vendeur peut produire davantage de biens à un coût unitaire inférieur. Cette offre accrue de biens meilleur marché crée alors sa propre demande. »[26]

Pouvoir produire davantage de biens à un coût inférieur ne veut pas dire qu'on les vendra, même si le prix est relativement bas. L'offre accrue doit être vendue avec profit pour permettre au moins la reconstitution des avances. Pour que cette condition soit remplie, il faut que la demande soit accrue elle-même d'un montant issu d'avances financières de la part des acheteurs. Si des profits ne sont pas payés d'avance à une partie des acheteurs, une partie des produits ne trouve pas preneur. Et alors, les prix baissent encore, mais pas les coûts, ce qui signifie la fonte des marges et la surproduction générale.

---

[26] Jeremy Rifkin *LA NOUVELLE SOCIÉTÉ DU COÛT MARGINAL ZÉRO* L'internet des objets, l'émergence des communaux collaboratifs et l'éclipse du capital
LLL 2014 508 p. 12-13

Soutenir que l'offre crée sa propre demande suppose en particulier de mettre à la disposition des actionnaires une certaine quantité de la **richesse créée par l'entreprise**. Or, précisément, il faut pouvoir se demander quelle est l'origine des montants à distribuer. C'est l'existence préalable de profits déjà distribués d'avance -- dans le pays, dans d'autres secteurs, d'autres branches, d'autres territoires, à l'étranger --. Cette origine ne se situe pas dans l'offre des marchandises, ainsi que l'expose la loi conventionnelle des marchés, mais plutôt dans les avances financières qui l'accompagnent et dont la détermination se fait à l'issue d'un débat entre l'entrepreneur lui-même et les actionnaires.

A ce moment de l'analyse, il faut évoquer les acomptes sur dividendes, les dividendes eux-mêmes, les rachats d'actions, notamment lorsqu'un arbitrage est attendu entre distribuer des revenus sous forme de dividendes et autofinancer des investissements, sans faire appel à l'épargne globalement disponible des ménages. Les économistes conventionnels ignorent les autofinancements. Dans leurs modèles, tous les investissements se font par appel à l'épargne des ménages, et toute l'épargne se transforme en investissement. Le paradigme de la noria voile le fait que des décisions d'investissements puissent être prises en interne.

A l'image des acomptes sur dividendes, les autofinancements s'agrègent à la demande globale et absorbent leur part d'offre globale en l'enrichissant de marges monétaires spécifiques. Celles-ci représentent pendant un certain moment la forme économique des marchandises futures par la vente desquelles elles seront reconstituées après avoir été payées d'avance. C'est là l'origine du profit.

La finance d'entreprise permet de déchiffrer pour notre propos, les composantes des modèles en matière de dividende et d'investissement, mais elle décrit peu l'acompte sur dividende et l'autofinancement. En revanche, elle éclaire précisément les débats internes aux assemblées générales ordinaires d'actionnaires et les décisions qui en découlent.

Les variables en cause étant souvent dépendantes les unes des autres, les décisions prises ont fréquemment des **conséquences conflictuelles :** faut-il investir ou ne pas investir, faut-il autofinancer ou faut-il faire appel aux banques et à la Bourse, faut-il distribuer des dividendes, faut-il distribuer des acomptes sur dividendes, faut-il les distribuer sous forme monétaire ou sous forme d'actions ? Faut-il racheter des actions de l'entreprise et rembourser ainsi des capitaux à des actionnaires —qui peuvent refuser le prix qu'on leur propose— ? Les débats sont d'autant plus vifs que l'origine des résultats et les enjeux de ces distributions restent obscurs.

Les fonds rémunérant les apports des actionnaires ne peuvent provenir que de **la richesse créée par l'entreprise** ; or cette dernière n'est pas facile à apprécier. On sait par exemple que le Résultat comptable sur-évalue ou sous-évalue les résultats selon les règles comptables utilisées (amortissements, évaluation des stocks). Aussi a-t-on pu proposer de calculer la rémunération des fonds propres à partir des flux de trésorerie de l'entreprise. Mais tant que les acomptes sur dividende et leurs effets de levier demeurent dissimulés, les difficultés inhérentes à de telles approches contribuent au maintien de la prise en compte du Résultat net conventionnel —la différence entre des Produits et des Charges— comme variable pertinente. (EBE, EBIT,EBITDA…). Il faut rappeler que cette mesure du profit par différence découle des exposés de l'économie classique et a été formalisée par David Ricardo (1772-1823).

Sympathisant de la loi de Say, David Ricardo –cité par Mario Draghi dans le discours aux Lauréats du Prix Nobel, pour commémorer le bicentenaire de la théorie des coûts comparatifs-- défend l'idée que le profit résulte de la différence entre le prix et le salaire. Or, le prix comprend une marge espérée qui se réalise seulement si certaines conditions sont remplies, notamment si des avances financières sont mises en circulation. La différence qu'il faut alors rechercher, c'est celle qui existe entre profits espérés et profits réalisés. Cette différence doit être nulle pour que l'Offre soit durablement égale à la Demande. Si elle est négative, l'entrepreneur s'arrête.

Le contexte général de la prise de décision financière

La rémunération des fonds propres s'effectue à partir de l**a richesse créée.** Dans le cas général, il est évident que le résultat net est passible d'une double affectation : soit il est mis en réserve -- on parle de rétention-- soit il est mis à la disposition des actionnaires -- on parle de distribution--. Dans un cas comme dans l'autre, les financements de l'entreprise sont affectés —autofinancement large s'il y a rétention, ou faible, s'il y a distribution—.

Il s'agit de la maximisation de la valeur des actions, —ce qui est différent de la maximisation du profit—. Or la valeur de l'action est aussi bien affectée par le paiement du dividende (on parle de revenu courant) que par le gain en capital (plus value non-imposable découlant de la mise en réserve) sans qu'on sache très bien où va la préférence de l'actionnaire. Mais en tout état de cause, il s'agit du profit constaté après la clôture des comptes de la période précédente, une fois reconstituées les avances déjà faites. La rationalité des choix à opérer est forcément limitée, dans l'ignorance où le Conseil d'Administration se trouve des décisions prises par les autres sociétés.

Les courants de pensée qui se sont développés dans ce domaine ont privilégié tel ou tel aspect des caractéristiques qui viennent d'être évoquées.

La plupart du temps, la décision de dividende n'est qu'une conséquence du **choix des investissements,** car l'entreprise considère qu'elle doit retenir ses bénéfices tant qu'elle a des opportunités d'investissements rentables.

D'autres entreprises pourront privilégier la question du financement de leur croissance —par **capitaux d'origine interne** ou externe, capitaux propres ou étrangers—. Dans ce contexte la décision de dividende n'est qu'une conséquence du **choix de financement** de l'entreprise.

Décision de dividende et rentabilité des investissements

L'idée de base dans une mise en parallèle entre la politique de dividende et la rentabilité des investissements de l'entreprise est la suivante :

Tant que l'entreprise est confrontée à des opportunités d'investissements dont la rentabilité dépasse le coût moyen pondéré du capital, elle utilise l'**autofinancement**, et la dette supplémentaire qu'il autorise dans le cadre du respect de la structure financière, pour financer ses investissements. Dans ce cas, il n'est pas fait appel à l'épargne des ménages, et singulièrement, à celle des actionnaires.

C'est la « capacité de jugement » (Say) de l'entrepreneur qui permet d'évaluer la possibilité de reconstituer les avances financières qu'il décide, dans des délais raisonnables. Les banques, quant à elles, n'ont ici qu'un rôle d'appoint.

En conséquence, l'entreprise ne distribue de dividende que si, tous les investissements rentables ayant été réalisés, il lui reste des **bénéfices non utilisés**. Dans le cas contraire, en toute rigueur, il n'y aura pas de distribution. Ceci signifie que les dividendes ne sont qu'un élément résiduel dans la politique de l'entreprise. Ceci signifie également que l'actionnaire doit être indifférent entre le revenu courant (le dividende) et le gain en capital (la plus value obtenue en réinvestissant les bénéfices).

Dans ces conditions, l'actionnaire adhère aux décisions prises par l'entreprise. Pour la Demande globale, l'effet est neutre : l'achat de biens d'équipement compense l'absence de consommation.

Ainsi par l'intermédiaire des occasions d'investissement, la politique des dividendes affecte la valeur de l'entreprise.

Ces raisonnements ne tiennent pas compte des « préférences pour l'acompte sur dividende » qui peuvent s'exprimer de la part des actionnaires et provoquer des conflits entre administrateurs et actionnaires.

Quels sont les rapports entre la décision de dividende et le financement de l'entreprise ?

C'est la proposition qui anime le plus largement les débats. Certains soutiennent que le dividende est sans effet sur la valeur de l'action (proposition de neutralité).

Le principe avancé est le suivant : l'effet que peut avoir le versement (ou non versement) de dividende, sur la valeur de l'action est exactement compensé par l'effet que peut entraîner l'appel (ou non) à d'autres sources de financement.

Ainsi par exemple, une entreprise qui doit investir peut être amenée à se poser la question de savoir si elle doit s'autofinancer —et donc ne pas verser de dividende— ou bien verser des dividendes, et dans ce cas procéder, par exemple, à une augmentation de capital afin de financer ses investissements. La valeur de l'action dans le premier cas (ne pas verser de dividende et autofinancer) est exactement égale à ce que sera la valeur de l'action dans le deuxième cas (distribuer les bénéfices et procéder à une augmentation de capital).

En termes pratiques cela signifie que :

- dans le premier cas (non-paiement), l'effet dépressif du non paiement de dividende est exactement compensé par la plus value qu'enregistre l'action du fait de la **rétention des bénéfices.**

- dans le deuxième cas (payement), l'effet favorable de la distribution de bénéfice est exactement compensé par l'effet défavorable qu'entraîne l'augmentation de capital (**phénomène de dilution :** la part de bénéfice par action se réduit du fait de l'augmentation du nombre d'actions nouvelles créées).

Exemple du premier cas (non distribution)

SHANGHAI (Reuters) - Le constructeur automobile chinois GEELY AUTOMOBILE HOLDINGS a annoncé le 16 Aout 2017 avoir plus que doublé son bénéfice au premier semestre, enregistrant ainsi sa plus forte croissance depuis huit ans, grâce notamment au succès des modèles conçus avec sa filiale suédoise VOLVO.

Le bénéfice net s'est établi à 4,34 milliards de yuans (552 millions d'euros), contre 1,91 milliard de yuans un an plus tôt, soit une hausse de 128%.

Le groupe a cependant choisi de **ne pas verser d'acompte sur dividende**.

Les ressources sont consacrées à l'implantation sur les marchés extérieurs. ZHEJIANG GEELY Holding Group, qui contrôle le constructeur GEELY Automobile basé à Hong Kong et le suédois VOLVO Car Group, ainsi que le fabricant des taxis noirs londoniens, a pris une participation de 49,9% dans le constructeur malaisien en difficulté PROTON.

Le groupe chinois note que l'environnement commercial dans ses anciens marchés clés destinés à l'exportation comme l'Europe de l'Est et le Moyen-Orient est resté faible.

Pour sa prochaine phase d'expansion, GEELY prévoit de lancer en 2018 sur les marchés développés, notamment en Europe et aux Etats-Unis, une troisième marque, LYNK & Co.

Dans le cas GEELY, l'actionnaire serait donc indifférent entre encaissement de dividende (revenu courant) et accroissement de plus-value par autofinancement de l'expansion.

Il n'y a pas de théorie monolithique adverse en faveur de la non-neutralité des dividendes, mais une série de considérations qui sont l'œuvre de différents auteurs. Sans prétendre être exhaustif, on trouve ci-après quelques arguments illustrant cette thèse.

1. La dissipation de l'incertitude

L'argument est le suivant : le paiement du dividende lève l'incertitude qui pèse sur le devenir de l'entreprise. Encaisser le dividende immédiatement est sûr, réinvestir le bénéfice pour un dividende futur plus important est aléatoire. En conséquence, les épargnants préfèrent les entreprises qui distribuent largement leur bénéfice et pénalisent — en ayant une exigence de taux de rendement plus élevé — celles qui ne le font pas.

2. Le contenu informationnel du dividende

Selon cet argument, les dividendes auraient une influence sur la valeur de l'action dans la mesure où leur paiement fournit une information aux actionnaires concernant la rentabilité future de l'entreprise. Par exemple, si l'entreprise verse un dividende relativement stable dans le temps et si brusquement elle décide de l'augmenter (ou de le diminuer), cette information peut être interprétée comme une indication favorable (ou défavorable) pour le devenir de l'entreprise. La théorie financière moderne a développé cet argument avec ce qui est appelé **la théorie du signal.** Cette théorie s'applique à l'acompte sur dividende, en indiquant que les engagements du Conseil d'Administration en matière de reconstitution sont couverts –les débouchés sont là--.

Modigliani (1918-2003et Miller (1923-2000), Nobel 1985 et 1990, dits M&M, acceptent de reconnaître que le dividende peut être annonciateur du montant des bénéfices futurs, mais soulignent-ils, **ce qui est important ce n'est pas le dividende, mais plutôt le bénéfice futur, forcément espéré.** Le dividende est donc bien considéré comme un lien ténu à l'origine du profit à venir. Le dividende d'aujourd'hui annonce le profit de demain. Que faut-il penser alors des acomptes sur dividendes qui ont nécessairement été versés lors de l'exercice précédent, et qui sont eux-mêmes à l'origine du dividende d'aujourd'hui ?

Il faut compléter les modèles économiques en observant que l'entreprise verse des profits d'avance aux actionnaires, et/ou équipent leurs unités de production, sans faire appel à l'épargne des ménages. Il ne suffit pas de produire pour distribuer les revenus qui préviendront la surproduction générale. Il faut encore que les acomptes sur dividende versés lors de l'exercice antérieur soient reconstitués, comme promis par le Conseil d'Administration, pendant l'exercice actuel. Les dividendes qui sont versés sont donc le solde des profits réalisés lors de l'exercice précédent, desquels on retranche les profits payés d'avance pendant l'exercice précédent. La différence entre le chiffre d'affaires et les salaires, à laquelle on pense pour caractériser le profit est une idée de myope incapable, sans verres correcteurs, d'appréhender l'ensemble de la réalité.

3. La préférence pour le revenu courant

Certains auteurs indiquent que les actionnaires ne sont pas indifférents entre le dividende versé (le revenu courant) et le gain en capital (la plus value découlant de la rétention des bénéfices par l'entreprise). Donc, selon ces auteurs le fait de verser ou de ne pas verser de dividende ne serait pas neutre vis à vis de la valeur de l'action.

Modigliani et Miller admettent que les actionnaires puissent avoir une préférence pour l'un ou l'autre système mais indiquent que si l'entreprise verse largement ses bénéfices à un actionnaire qui ne souhaite pas de revenu courant, il lui suffit de réinvestir les sommes reçues en actions. D'ailleurs, aujourd'hui les Conseils d'Administration proposent fréquemment l'option du payement du dividende ou de l'acompte sur dividende, en actions de l'entreprise. Mais lorsqu'il s'agit d'acomptes sur dividendes, décidés en CA, l'opération change de dimension. Il s'agit de profits payés d'avance qui doivent être proportionnés à des résultats en cours d'élaboration pour devenir du capital (par exemple, sous la forme d'équipements autofinancés). Le cheminement devient alors plus périlleux dans la mesure où leur reconstitution est loin d'être aussi bien garantie que le prévoit la loi de Say. Il peut très bien y avoir mévente, surproduction générale et déflation. Ce qui signifie qu'il y a insuffisance générale d'acomptes sur dividendes et d'autofinancements. Il faut voir là le vrai danger qui menace l'entrepreneur et contre lequel il n'a aucun moyen de se défendre faute de l'identifier.

De la même manière si l'entreprise retient largement ses bénéfices alors que l'actionnaire pressé par la nécessité souhaiterait un revenu courant, M&M indiquent qu'il suffit alors à l'épargnant-investisseur de vendre une partie de ses titres, de réinvestir le principal et de consommer la plus value. Le rachat d'actions par l'entreprise elle-même, non prévu par M&M, est une réponse courante aujourd'hui.

Depuis 20 ans, le rachat de leurs propres actions par les entreprises disposant d'excédents de trésorerie s'est généralisé.

Racheter des actions au lieu de payer des dividendes

Le rachat d'actions, devenu pratique courante de nos jours, peut être rangé dans la même catégorie que les acomptes sur dividende. Cette décision permet d'injecter dans l'économie des moyens monétaires destinés à être consommés ou investis. Les capitaux propres – incarnés dans les actions et leurs propriétaires -- existant par construction en quantité finie, ils doivent servir à financer en priorité les projets risqués. Puis, quand le risque diminue, la part de l'endettement peut s'accroitre, libérant ainsi des capitaux propres pour aller financer d'autres projets risqués dans d'autres secteurs, comme peuvent l'être en ce moment la conquête spatiale, l'impression 3D, l'internet des objets, les biotechs, etc.

Par exemple, NESTLÉ annonce un programme de rachat d'actions de 20 MdFS d'ici 2020[27]

La bonne nouvelle c'est donc 20 MdFS qui vont d'ici 2020 pouvoir financer des secteurs et des entreprises qui ont besoin de capitaux propres.

C'est partiellement bon pour la loi de Say car cela représente, pour les actionnaires qui acceptent de vendre leurs actions, des montants

[27] La Lettre Vernimmen.net N°150 juillet 2017 P.11 par Pascal Quiry et Yann Le Fur.

assimilables aux avances financières qui permettent d'équilibrer globalement Offre et Demande. Mieux encore, à la différence des avances, il n'est pas question de reconstituer ces montants en les retranchant des dividendes annoncés pour l'année suivante. C'est en quelque sorte un retour aux pratiques des armateurs et des commissionnaires du début des Grandes Découvertes, qui distribuaient des dividendes de liquidation au retour de chaque voyage, en vendant tout : bateau, marchandises, gréements.

La trésorerie disponible de NESTLÉ — tout comme celle de nombreuses firmes multinationales, semble-t-il— est abondante. Apparemment, les occasions d'investissement leur manquent. Les capitaux peuvent donc s'employer mieux ailleurs, guidés par la main invisible, sur des terrains plus fertiles.

Payer des dividendes — et des Acomptes sur dividendes — par émission d'actions nouvelles

A l'opposé, lorsqu'il s'agit de payer des dividendes —et des acomptes sur dividendes— avec des actions nouvelles, un revenu financier virtuel se trouve ainsi directement transformé en capital, sans passer par la case de l'épargne. L'option est laissée à l'actionnaire, d'arbitrer entre consommation utile pour lui et épargne productive sous forme d'actions de l'entreprise placées sur les marchés.

Les dividendes —et les acomptes sur dividendes— payés en actions, ne peuvent plus être considérés comme un revenu. Ils sont devenus un portefeuille patrimonial. Certes, le choix entre être payé en numéraire ou en actions nouvelles est laissé à l'actionnaire. Le paiement des dividendes et des acomptes sur dividendes en actions contribue à l'équilibre général Offre-Demande d'une manière spécifique : les montants qui ne sont pas remis aux actionnaires sont utilisés au sein de l'entreprise pour favoriser l'autofinancement sans endettement, qui est un investissement non financé par l'épargne volontaire des ménages. Mais c'est une forme d'épargne forcée. Il faudra une bonne rentabilité des opérations réalisées par ce moyen pour permettre la reconstitution de ces apports.

Lorsque c'est un acompte sur dividende qui est payé par des actions nouvelles de l'entreprise, il faut y voir un profit payé d'avance à l'origine d'une augmentation de capital préalable à l'ouverture de nouveaux débouchés.

Par exemple, dans le secteur pétrolier, l'entreprise française TOTAL, sur le point de racheter MAERSK, transporteur maritime danois, propose de distribuer des actions nouvelles en payement des dividendes 2016.

A Paris, le Conseil d'administration de TOTAL, réuni le **15 mars 2016**, décide la mise en distribution du **troisième acompte sur dividende trimestriel au titre de l'exercice 2015, de 0,61** euro par action et décide de proposer l'option du paiement de cet acompte en actions nouvelles de la Société.

La période d'option entre numéraire et action nouvelle est ouverte du 21 mars 2016 au 4 avril 2016. A la clôture de cette période**, 61** % des droits ont été exercés en faveur du paiement en actions du troisième acompte trimestriel au titre de l'exercice 2015.

24 752 821 actions nouvelles sont émises. Le prix est fixé le 15 mars 2016 **à 36,24 euros**.

Valeur distribuée : 24 752 821 x **36,24 = 897 042 233,04 €**

Le solde de l'acompte sur dividende à verser en numéraire aux actionnaires n'ayant pas retenu l'option du paiement en actions s'élève à **583 millions d'euros et sera payé à compter du 12 avril 2016.**

Les deux formes d'avances financières implicites contenues dans la loi de Say sont ici présentes :

1- Le financement d'un investissement sans endettement pour racheter MAERSK, par la livraison des actions nouvelles : **897 042 233,04 €**.

2- Le paiement du solde en numéraire, qui est quant à lui, un accroissement des liquidités venu s'agréger à la demande globale : **583 millions d'euros**.

Ces montants sont immédiatement disponibles. Ce sont des profits payés d'avance. Les bénéficiaires disposent maintenant de moyens de rendre solvable leur demande spécifique : investissement dans le rachat de MAERSK par l'entreprise, achats de biens et services par les actionnaires.[28]

---

[28] Le document original est consultable sous :
http://www.total.com/fr/medias/actualite/communiques/resultat-de-loption-pour-le-paiement-de-lacompte-sur-dividende-au-titre-du-troisieme-trimestre-2015

Il reste à identifier l'existence de ces avances financières dans l'économie et à en prendre la mesure matérielle.

La loi de Say n'évoque pas ces modalités particulières du cheminement vers l'équilibre général. Or, elles sont à l'œuvre pour prévenir tant bien que mal, la surproduction générale.

Étonnamment, la finance d'entreprise, il faut le déplorer, ne met en avant ni les acomptes sur dividendes, ni les autofinancements, l'un et l'autre considérés comme négligeables. Il s'agit là d'une insuffisance –ou d'une suffisance !?-- grave due à l'emprise du paradigme de la noria sur la pensée économique.

Le rassemblement des données sur l'autofinancement des investissements reste approximatif. Il s'agit ici du coeur du fonctionnement d'une économie de libre entreprise. Le choix des investissements par l'entrepreneur demeure le plus souvent confidentiel. Là aussi l'information n'est pas asymétrique, elle est nulle. Elle serait nécessaire pour disposer d'une vision globale de l'origine du profit et des modalités pratiques de sa maximisation sous certaines contraintes. Ainsi la politique des dividendes se dessinerait au niveau global. On connaitrait d'un exercice à l'autre, les profits payés d'avance et les autofinancements, à partir des trésoreries disponibles. On aurait ainsi le **bénéfice à répartir au cours de la période suivante.**

Sachant que le profit espéré ne peut dépasser le montant des profits payés d'avance et des autofinancements payés dans la période de production, l'offre s'adapte et s'écoule sans pénurie, ni surproduction.

La différence entre les profits espérés et les profits constatés est annulée.

Si le profit espéré est le montant maximum permis par le niveau de productivité marginale du travail, le niveau atteint est celui du Plein Emploi. Cela signifie que tant que l'on peut augmenter l'Offre, on peut du même coup augmenter la Demande.

Dans le cadre du paradigme de la Noria, Jean-Baptiste Say, envisage clairement que les profits n'étant que le remboursement des avances, font partie des frais de production.

« Il ne faut pas oublier ici, écrit-il en 1821, que les travaux des divers entrepreneurs (planteurs et négociants) qui ont concouru à la production, font partie des avances qu'elle a nécessitées ; ***et que leurs***

profits n'étant que le remboursement de ces avances, *font partie des frais de production.* »[29]

La récupération des avances financières faites par l'entrepreneur se présente dans la réflexion économique comme « allant de soi », aussi spontanément que les fruits du commerce maritime vont à l'armateur. La cargaison d'avances au départ se retrouve, et au-delà, dans la cargaison de retour. Mais quand il s'agit de production, en fait, le profit n'est qu'une composante du chiffre d'affaires. Pour rembourser une avance, il faut faire le chiffre d'affaires, qui peut être plusieurs fois son multiple, dont le profit est la composante qui permet de la rembourser.

Les acomptes sur dividendes d'aujourd'hui présentent une caractéristique spécifique : dans le système capitaliste globalisé, ces acomptes sont déduits du dividende final. Ce n'est pas le cas lorsqu'il s'agit de la description des situations relevées par les anthropologues.

Dès une très haute époque, les administrateurs des temples ont pris l'habitude d'avancer des produits aux marchands locaux -- agissant à titre privé ou comme fonctionnaires des temples --, qui s'en allaient ensuite les vendre à l'étranger.[30]

Au final, il s'agit bien de remboursement ou de récupération avec majoration. Cette modalité de calcul financier, qui ne tient pas compte de l'amortissement du capital est encore présente longtemps dans le paradigme de la noria. La règle qui s'impose progressivement à partir des Grandes Découvertes dans les pratiques commerciales stipule que les avances financières passent par une phase de reconstitution pendant l'activité économique, se transformant en une composante plus ou moins importante du profit constaté par l'entreprise à la clôture de la période. Le dividende distribué devient donc un solde entre le profit global constaté et le montant des dividendes versés à l'avance.

L'idée selon laquelle les avances financières sont remboursées ou récupérées dans la production dont elles sont un coût normal et naturel

---

[29] J.-B. Say, 1821, *Catéchisme d'économie politique.* In Cours d'économie politique GF 2/1996

[30] David Graeber *DETTE : 5000 ANS D'HISTOIRE* LLL Paris Sept 2013 621 p. P. 82

est une survivance des temps archaïques perpétués par le paradigme de la noria.

En réalité, elles sont l'opération même par laquelle le profit global crée les conditions de sa propre détermination.

Cette composante de profit payé d'avance est souvent plus importante que le solde du profit finalement payé sous forme de dividende distribué.

Par exemple, dans le cas de ACANTHE DEVELOPPEMENT, une foncière cotée au compartiment C d'Euronext Paris, aux termes d'une décision du Conseil d'Administration du 4 novembre 2016, il avait été décidé du paiement d'un acompte sur dividendes 2016 d'un montant de 44 137 578 euros, soit 0,30 euro par action. L'exercice 2016 étant clos, après Assemblée Générale Ordinaire, il reste à verser aux actionnaires, le 22 septembre 2017 – 10 mois après l'acompte--, un solde de dividendes de 14 712 526 euros, soit 0,10 euro par action.

Dans ce cas, les profits payés d'avance l'ont été à hauteur des deux tiers du profit constaté ultérieurement. En d'autres termes, l'activité économique de l'entreprise ne semble avoir d'autre objectif que de reconstituer les avances financières octroyées en 2016, en espérant dégager finalement des résultats supérieurs.

RAISON SOCIALE	DATE ACOMPTE	MONTANT	NB D'ACTIONS	**TOTAL**
Acanthe .	31/05/2011	0,14	110 392 200	**15 454 908,00**
Acanthe	17/08/15	0,27	147 125 260	39 723 820,20
Acanthe	04/11/16	0,30	147 125 260	44 137 578,00
Acanthe Dev	04/11/17	3,82	147 125 260	562 417 600,00

Autre exemple, peut-être plus représentatif des sociétés cotées, **CHRISTIAN DIOR :**

Lors de l'assemblée générale du 12 avril 2018, il sera proposé, au titre de l'exercice clos le 31 décembre 2017, un dividende de 5 euros par action. Un acompte sur dividende de 1,60 euro par action ayant été distribué le 7 décembre 2017, le solde de 3,40 euros sera mis en paiement le 19 avril 2018. Autrement dit, un tiers des profits sont payés aux actionnaires avec **4 mois d'avance.**

RAISON SOCIALE	DATE ACOMPTE	MONTANT	NB D'ACTIONS	TOTAL
Christian Dior	07/12/17	1,60	180 507 516	288 812 025,60

Il s'agit de profits payés d'avance dont le montant est fixé par le Conseil d'Administration, sur la foi de résultats en cours favorables.

Mais lorsque la question de la reconstitution de ces avances financières se pose lors de la vente des produits ou des services, l'opération donne lieu à un calcul particulier car un processus cumulatif de quantités à produire s'engage alors.

La reconstitution des avances

De quoi s'agit-il ?

Supposez que votre éditeur vous propose 10 % de droits d'auteur sur les ventes de votre livre, qui est vendu au prix de 20 euros. Supposons maintenant qu'il vous fasse une avance de 5000 euros. A la question : combien de livres faut-il vendre pour reconstituer l'avance ?, la réponse n'est évidemment pas " 250, parce que 250 livres x 20 euros = 5000 euros". En effet, le droit d'auteur est une composante de la marge calculée sur le prix de vente, déduction faite des coûts fixes et des coûts variables supportés lors de la fabrication du livre. Si la marge est de 10 % sur le prix de vente de 20 euros (en marketing on parle alors de taux de marque), alors la formule du calcul en question devient : 5000 euros = 0,1 x CA, avec CA = chiffre d'affaires à réaliser. Ce qui s'écrit aussi CA=5000 / 0,1 = 50 000 euros.

Avec un prix unitaire du livre de 20 euros, cela signifie qu'il faut vendre 2500 exemplaires pour reconstituer l'avance financière payée à l'auteur.

Car la reconstitution des avances ainsi consenties implique un calcul analogue à celui qui se rencontre dans l'analyse de l'impayé en matière commerciale ou lors de défauts de paiement à l'échéance, en matière bancaire. L'effort à produire pour récupérer les pertes est bien supérieur à celui qui avait été consacré à la mise en marché du produit perdu, compte tenu des coûts fixes et des coûts variables mis en œuvre et qu'il faut restaurer.

Autre exemple, le cas des impayés

Soit une entreprise qui fait un taux de marque moyen de 20 % sur les produits qu'elle vend. Le prix moyen du produit est 2000 euros. Survient un impayé sur un produit, combien de produits devrez-vous vendre pour restaurer la situation ?

Au hasard, on dira qu' il faut vendre un produit de plus pour rembourser celui qui a été impayé et perdu. Cette réponse est évidemment incorrecte. La marge sur chaque produit étant de 20%, c'est-à-dire 400 euros par unité, il faudra vendre 5 unités du produit pour rembourser la somme perdue : 400 x 5 = 2000 euros. La formule s'écrit : Impayé / taux de marge = Remboursement

En matière bancaire, il en va de même, la défaillance d'un débiteur implique la mise en place d'un montant de prêts s'élevant à un multiple de la défaillance, selon la formule proposée : montant de la défaillance / taux de marge bancaire = Reconstitution du dépôt perdu.

L'effort à consentir pour récupérer les pertes est bien supérieur à celui qui avait été consacré à la mise en marché du produit perdu, compte tenu des coûts fixes et des coûts variables mis en œuvre et qu'il faut restaurer.

Cette caractéristique explique qu'un produit financier structuré, qui inclut divers lots de créances plus ou moins toxiques soit soumis à un risque démultiplié de besoins de reconstitution en cas de défaillance sur une composante – l'assèchement des liquidités bancaires en cas de panique vient de là--.

Cette observation de la nécessité de prévoir des augmentations considérables d'activités pour compenser les risques de défaut encourus par les entreprises du fait des pertes économiques s'applique à la question de la reconstitution des avances financières. En occultant la pratique de ces avances financières dans le fonctionnement des marchés, le paradigme de la noria a pour conséquence de minimiser le rôle de l'élargissement des débouchés indispensables à la reconstitution des marges payées d'avance.

Autre exemple, en reprenant le cas de GTT, en 2017, l'acompte sur dividende s'éleve à : **35 416 666 actions x 1.4 € = 49 583 332 €**

L'entreprise annonce un taux de marque (marge sur le prix de vente) de 50 %, le Chiffre d'Affaires à réaliser pour reconstituer l'acompte sur dividende se calcule donc de la manière suivante :

Si l'on nomme **CA**, le chiffre des ventes qui dégagera la marge payée sous forme d'acompte sur dividende de 1,40 euro par action, il vient : **49 583 332 = 0,5 x CA, d'où l'on tire**

CA à réaliser = 49 583 332 / 0,5 = 99 166 664

Il semble, à la lecture des carnets de commande de l'entreprise GTT, que cette perspective soit tout à fait réaliste.

En d'autres termes, les profits payés d'avance ne sont pas reconstitués par des ventes de même montant, mais au contraire, nécessitent des volumes d'affaires importants qui se révèlent être des multiples de leur montant, liés au taux de marge (ou de marque) moyen du secteur. Dans le cas de GTT l'acompte sur dividende ne représente que la moitié du Chiffre d'affaires à réaliser pour le reconstituer sous forme de profit constaté. Il se dégagera alors un solde distribuable en fin d'exercice sous forme de dividende. Il n'en va pas de même dans tous les secteurs où les taux de rentabilité moyens peuvent diverger fortement. L'effort qui doit être fait pour rembourser ou reconstituer les acomptes sur dividendes est inversement proportionnel au taux de marque moyen — Résultat / Ventes —.

Toutes les entreprises ne sont pas logées à la même enseigne, plutôt favorable, que GTT. Dans une entreprise affichant un taux de marque de 10 %, un acompte sur dividende de 50 millions d'euros, exige un volume de ventes de 500 millions d'euros pour pouvoir être reconstitué.

Cette observation permet alors de comprendre que la loi de Say, en dissimulant le rôle des avances financières dans le système d'équilibre général, voile en même temps la nécessité d'un élargissement des débouchés pour permettre le remboursement des avances financières -- ce qui explique la position anti-colonialiste de Say, qui ne percevait pas l'élargissement des débouchés comme un moyen de reconstituer les avances.--.

Sur le marché, tous les producteurs ont la même préoccupation. Chaque société est singulière et la somme des avances financières constitue en quelque sorte le Profit Global. Mais on peut dire que le processus des échanges se met en marche grâce à l'accroissement des quantités dont la vente permet de dégager un résultat distribuable aux actionnaires.[31]

[31] « L'entrepreneur augmente les quantités produites, ce qui est la seule voie pour augmenter le chiffre d'affaires *pour maintenir les marges* quand on diminue les

L'avance financière est rendue possible parce que l'accroissement des quantités à écouler est lui-même envisageable à un prix convenable.

Par exemple, de nouveaux territoires à aménager ou de nouvelles technologies à développer apparaissent et offrent de nouvelles perspectives.

Le maximum d'avances consenties dans le système détermine aussi le maximum de profits à envisager.

Mais si les prix – c'est-à-dire les marges—baissent, il faut augmenter les quantités vendues pour reconstituer les avances financières.

L'entrepreneur est l'opérateur de cette transformation des avances en profits constatés et distribués.

En particulier, les retraits et divers prélèvements personnels sur la trésorerie restent entièrement sous son contrôle, et doivent s'adapter à la mesure des ventes nécessaires pour les reconstituer.

Si l'on appelle **AVA** le montant de l'avance faite à lui-même par l'entrepreneur, **m** le montant de la marge brute calculée sur le prix de vente et **V** le montant des ventes à réaliser pour reconstituer l'avance, nous obtenons la relation **AVA = mV**, soit **AVA / m=V,** ou encore **AVA . 1/m = V**.

Ce qui signifie que toute avance exige pour être reconstituée, un montant de ventes d'autant plus élevé que **m** est faible. Une avance financière de 100 euros, avec un taux de marque sur le prix de vente de 10% exige 1000 euros de ventes pour être reconstituée. Si le taux de marque est de 5%, les ventes exigées se montent à 2000 euros.

Un embryon de cette observation se trouve chez Adam Smith, à propos de l'entrepreneur-marchand, dans "la Richesse des Nations" -- Chapitre VII Du prix naturel des marchandises et de leur prix de marché-- :

« De même qu'il avance à ses ouvriers leurs salaires, écrit-il, ou leur subsistance tandis qu'il adapte et met ses marchandises sur le marché, de même il s'avance sa propre subsistance, qui est en général

---

prix » Max Weber. *L'éthique protestante et l'esprit du capitalisme.* Agora Presses Pocket. 1990. P.70.

proportionnée au profit qu'il peut raisonnablement escompter de la vente de ses marchandises »[32].

L'entrepreneur confirmé comprend intuitivement cette logique de proportionnalité entre l'avance et le profit raisonnablement espéré. L'observation géniale d'Adam Smith ne va cependant pas assez loin sur deux points :

1. Son marchand sait « naturellement » déployer des stratégies de croissance dans le contexte de ses affaires. Il sait notamment que les quantités à vendre pour dégager le profit raisonnablement escompté pour rembourser sa propre subsistance – et faire perdurer l'entreprise-- doivent augmenter pour maintenir le profit nécessaire.

Autrement dit, les profits ne sont pas seulement la reconstitution des avances consenties par l'entrepreneur, ils sont aussi portés par des marchandises dont la valeur globale est un multiple élevé des avances financières.

2. Les avances présumées des autres entrepreneurs sont attendues, ne serait-ce que par mimétisme, mais non mesurables. L'ouverture de débouchés supplémentaires nécessitée par les avances financières, permet d'écouler les suppléments de production – d'où l'importance du bateau qui est en train de décharger sur le quai voisin—mais les montants en cause demeurent très approximatifs.

La réciprocité des débouchés se fonde pour une bonne part sur la connaissance plutôt vague des marchandises en préparation dans divers lieux de fabrication, justifiant les décisions d'avances financières analogues de la part des confrères.

On sait qu'Adam Smith évoque quelquefois la rencontre des hommes d'affaires pour contenir les salaires des ouvriers. Il a du remarquer aussi que l'information sur les plans d'affaires, et les avances financières des uns et des autres circulait de manière fluide lors de ces rencontres.

L'équilibre du marché, sans pénurie, ni surproduction, aurait pu dire Adam Smith – suivi par ses disciples --, n'est envisageable que

[32] Richesse des Nations Tome 1Chapitre VII Du prix naturel des marchandises et de leur prix de marché.

s'il y a réciprocité parfaite des décisions des entrepreneurs en matière d'avances financières, à taux de marque uniforme. Il s'agit là d'un trait constant de la rationalité de l'entrepreneur confirmé.

L'économie de marché est le lieu de rencontre de ces forces vives. Elles dépendent les unes des autres, ce qu'il faut examiner maintenant sous l'angle macroéconomique.

La détermination macroéconomique du profit maximum

Les entrepreneurs ne sont pas en capacité de mesurer précisément la demande sur les marchés qui découle des décisions d'avances financières discrétionnaires prises par leurs confrères. Ils sont eux-mêmes dans une situation d'incertitude quant à leur profit final.

En effet, depuis David Ricardo (1772-1823), l'origine du profit est située par les économistes dans une différence entre le prix du marché et les salaires. Dans les modèles qui en découlent, l'entrepreneur attend la clôture du marché pour connaître son profit disponible. Il en résulte que les entrepreneurs ne peuvent jamais savoir en temps utile ce que les avances financières représentent globalement en valeur sur les marchés qu'ils arpentent.

Ils ne connaissent que les avances qu'ils ont faites eux-mêmes et les contraintes imposées par la reconstitution de ces avances. Le risque spécifique de mévente est ainsi accentué au point de devenir inassurable, faute d'information. L'ouverture de débouchés possibles vers ce segment de consommateurs est totalement ignorée.

Le profit maximum potentiel à tirer d'une économie est donc inconnu tant que l'information relative aux avances financières décidées par les entrepreneurs est cachée sous le boisseau. De ce fait, la rationalité des entrepreneurs est fortement limitée par le défaut d'une information essentielle.

Mais si les hommes d'affaires ne savent pas quels sont les acomptes sur dividendes et les investissements autofinancés décidés par leurs confrères, ils connaissent le montant des avances financières qu'ils ont consenties eux-mêmes et le montant des ventes qu'ils doivent réaliser pour les reconstituer.

Le point suivant décrit l'algorithme de l'isomarge qui permet le traitement de cette contrainte.

CHAPITRE 7

L'algorithme de l'isomarge

Sous l'influence du paradigme de la noria, les économistes tiennent pour vraie la loi de Say et ne se posent pas avec toute l'attention nécessaire la question de l'origine du profit. Or, si l'on considère l'augmentation des quantités à vendre pour reconstituer les avances financières versées pendant la production, on peut en déduire que les prix --donc les marges-- doivent baisser. Il faut donc supposer que l'entrepreneur confirmé possède le talent de calculer une remise acceptable sur ses marges, de telle sorte que la somme des marges réalisées soit égale au montant des avances consenties pendant la production.

A chaque remise sur le prix initial correspond une quantité à vendre telle que le montant global de la marge se stabilise au niveau des avances à rembourser. Il est évidemment nécessaire que ces avances soient « raisonnables » et « proportionnées » (Adam Smith).

Il faut donc examiner les conditions dans lesquelles les « avances » peuvent être consenties.

Le chapitre suivant est consacré à une approche macroéconomique, mais il convient auparavant de s'assurer de la disponibilité d'un modèle microéconomique explicatif du comportement de l'entrepreneur lorsqu'il prend la décision de prélever ces marges par avance, en cours d'exercice.

Prix, quantités, marge

La question à laquelle il s'agit de répondre est la suivante :

Les changements de prix ayant des conséquences sur le niveau des marges attendues par l'entrepreneur, quelles sont les quantités qu'il lui faut vendre afin de conserver une marge jugée encore acceptable pour lui-même ?

En effet, si les risques de **ne pas** réaliser ces marges minima sont faibles, alors les retraits personnels et les prélèvements financiers au cours même de l'exercice n'offrent pas de difficultés particulières.

En revanche, si ces risques sont élevés, les comportements des décideurs deviennent indécis et attentistes, et des effets déflationnistes apparaissent rapidement, aussi bien pour les prix et pour les quantités, que pour la consommation et pour l'autofinancement. La situation est celle d'une surproduction générale.

La décision de procéder à des avances dépend ainsi des perspectives de gain offertes par l'activité en cours. Cette activité revêt naturellement des formes très variées.

Il est donc utile de définir un algorithme qui permette de représenter les combinaisons de prix et de quantités donnant à l'entrepreneur la position qu'il doit décider d'adopter pour percevoir le profit minimum qu'il juge « normal », et proportionné aux avances financières qu'il doit reconstituer.

De l'élasticité à la marge

Les économistes nomment "élasticité" le rapport entre les variations des deux grandeurs prix-quantités. Dans notre cas il s'agit de l'"élasticité" des ventes par rapport au prix. L'entrepreneur calcule l'augmentation des quantités à vendre si les prix baissent, étant donné qu'il ne veut pas gagner moins en termes de bénéfices. Il se soumet à la contrainte de reconstitution les avances financières qu'il s'est consenties. La seule variable d'ajustement immédiat dont il dispose alors est la marge, donc sa propre rémunération. La baisse des prix pour un bien, un service ou un système déjà produits, signifie dans la réalité de la négociation commerciale, que l'entrepreneur accepte la baisse de la marge unitaire.

Bien entendu, il doit se fixer des limites à cette baisse, et la faire compenser par une augmentation des quantités vendues. L'augmentation des quantités vendues avec une marge plus faible permet de réaliser un profit global au moins égal au profit payé d'avance qu'il faut reconstituer. Un tel montant se dénomme

« isomarge ». Il est incompressible. S'il ne peut être atteint, l'entrepreneur cesse l'activité.

L'augmentation requise des ventes en quantités se détermine alors comme suit :

Définitions :

r = réduction de prix (ou rabais, ristourne ou encore "remise quantitative", (genre « treize à la douzaine »)

m = marge espérée au lancement de la production, dite « taux de marque » en langage marketing.

q = augmentation nécessaire des quantités vendues

La relation suivante définit l'algorithme de l'isomarge :

$q= -r/(m-r)$

Exemple : Si la marge « m » espérée, calculée par rapport au prix de vente, est de 35 %, une baisse des prix « r » de -5 % nécessite une augmentation des volumes des ventes « q » de 17 % pour ne pas gagner moins que ce qui était prévu : q = 5/(35-5) = 0,17

Soit 17% d'augmentation nécessaire des quantités vendues au prix réduit pour préserver la marge espérée.

Dans ce cas, l'élasticité-prix mesure le rapport entre le pourcentage d'augmentation des quantités à vendre et le pourcentage de réduction de prix : 17/-5 = 3,4.

Autrement dit, à une réduction de prix de 1 % doit correspondre une augmentation des ventes de 3,4 % pour que la marge se maintienne au niveau espéré.

Tableau 1. Isomarge

	Q	P	m	Marge Fixe	r (% remise)	Nouveau Prix Remisé	Nouvelle Marge Unitaire	Nouveau Tx de marque	Nouvelle quantité	Nouveau chiffre d'Affaires
	1	2	3	4	5	6	7	8	9	10
Situation initiale				(1*2)*3		(2-(5*2)	2*3)-(2*5)	(7/6)	1+(1*(5/(3-5)))	6 x 9
1	**100**	**10**	**30%**	**300**		**10,000**	**3,00**	**30,00%**	**100**	**1000**
2	100	10	30%	300	10%	9,000	2,00	22,22%	150	1350
3	100	10	30%	300	11%	8,900	1,90	21,35%	158	1405
4	100	10	30%	300	12%	8,800	1,80	20,45%	167	1467
	Q	**P**	**m**	**Marge Fixe**	**r (% remise)**	**Nouveau prix Remisé**	**Nouvelle Marge Unitaire**	**Nouveau Tx de marque**	**Nouvelle quantité**	**Nouveau chiffre d'Affaires**
5	100	10	30%	300	13%	8,700	1,70	19,54%	176	1535
6	100	10	30%	300	14%	8,600	1,60	18,60%	188	1613
7	100	10	30%	300	15%	8,500	1,50	17,65%	200	1700
8	100	10	30%	300	16%	8,400	1,40	16,67%	214	1800
9	100	10	30%	300	17%	8,300	1,30	15,66%	231	1915
10	100	10	30%	300	18%	8,200	1,20	14,63%	250	2050
11	100	10	30%	300	19%	8,100	1,10	13,58%	273	2209
12	100	10	30%	300	20%	8,050	1,05	13,04%	286	2300
	Q	**P**	**m**	**Marge Fixe**	**r (% remise)**	**Nouveau prix Remisé**	**Nouvelle Marge Unitaire**	**Nouveau Tx de marque**	**Nouvelle quantité**	**Nouveau chiffre d'Affaires**
13	100	10	30%	300	20%	8,025	1,03	12,77%	293	2349
14	100	10	30%	300	20%	8,020	1,02	12,72%	294	2359
15	100	10	30%	300	20%	8,010	1,01	12,61%	297	2379
16	100	10	30%	300	20%	8,005	1,01	12,55%	299	2390
17	100	10	30%	300	20%	8,000	1,00	12,50%	300	2400

Le **tableau** représente les situations possibles entre 30 % et 10 % de marge –genre abaque--.

Notre hypothèse de base est la fixation libre par l'entrepreneur du montant de la marge exigée, pour la reconstitution des avances.

Ici, le montant fixé librement des marges payées d'avance à reconstituer est de, disons, 300, soit 30 % d'un chiffre d'affaires programmé à 1000, c'est-à-dire 100 unités de produits valant 10 chacun.

Pour maintenir la rentabilité des affaires, des décisions doivent être prises en termes de prix et de quantités. Mais le maintien de la marge au niveau espéré lors du lancement du programme de production demeure une responsabilité essentielle de l'entrepreneur.

Le **tableau** montre la série des liens prix-quantités qu'il convient d'appliquer dans ce cas. Chaque ligne correspond à une combinaison de prix et de quantités acceptable pour donner la marge attendue. Celle-ci détermine le rythme et l'ampleur des retraits personnels, des prélèvements financiers et des profits payés d'avance destinés à maintenir train de vie et équipement de l'entreprise. Ils ouvrent ainsi des débouchés à d'autres produits.

Selon que l'élasticité de la quantité demandée par rapport aux prix sera plus ou moins forte, la latitude laissée au décideur pour accorder un rabais sera plus ou moins grande. Mais du point de vue de la croissance économique en volume, on observe bien que la préoccupation de maintenir la marge est un facteur expansionniste : si les prix baissent, sous l'effet, essentiellement, de la concurrence, alors pour maintenir le montant des marges, les quantités augmentent. Ainsi l'utilité du producteur, qui recherche un profit, rejoint-elle celle du consommateur, qui recherche l'abondance.

La figure de l'« isomarge »

A partir du **Tableau**, représenter graphiquement la droite d'équilibre permet de visualiser l'ensemble des points prix-quantités qui dépeignent les situations où la marge est la même.

À partir de ces données, il est possible de tracer une droite d'isomarge qui indique les combinaisons prix-quantités dont le produit garantit une marge globale constante à l'entrepreneur confirmé. Il est ainsi en mesure de reconstituer les avances financières.

Droite d'isomarge pour les quantités vendues :

Taux de remise (réduction sur prix de vente initial, en %)

Graphique : Quantités à vendre pour ne pas gagner moins (en dizaines)

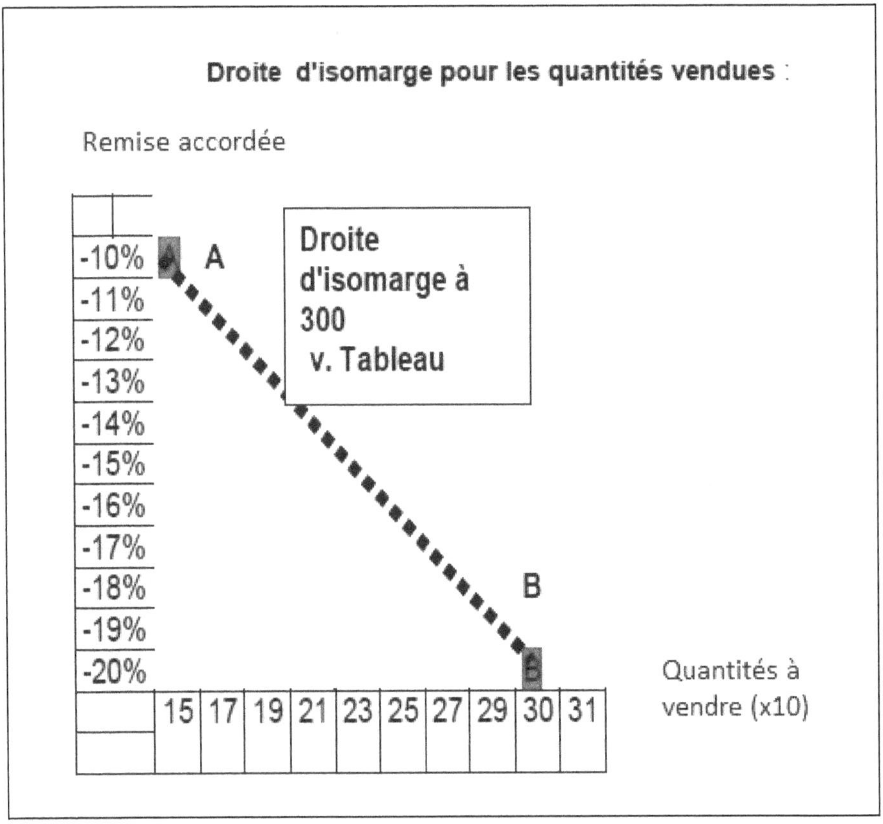

La droite d'équilibre passe par A et B.

L'entrepreneur fixe à 300 le montant des profits payés d'avance. Il connaît les conditions auxquelles il doit les reconstituer : baisse des marges unitaires, augmentation des quantités vendues.

A : Alors que le taux de marque initial est de 30 %, et le prix de 10 pour des quantités programmées de 100 unités de produits, la marge espérée est de 300, pour un Chiffre d'Affaires de 1000.

Viennent les négociations : le prix baisse de 10 % et se fixe à 9.

La formule « q=r/(r-m) » donne q = 0,5 soit 50 % d'augmentation des **quantités** pour maintenir la marge, ici 100 + 0,5(100) = 150.

B : Pour une remise de 20 %, la même formule donne :

q= 0,2/(0,3-0,2)=2, soit 200 % d'augmentation, ici 100 + 2(100) = 300.

N'importe quel point de la droite AB donne la remise et les quantités qui dégagent une marge identique pour un prix remisé de 10 à 20%. Ces remises sont acceptables si les quantités vendues leur correspondent sur la droite d' « isomarge »

Deux dysfonctionnements peuvent se produire :

- les quantités sont **au-dessus** de la droite d'isomarge
- ou les quantités se situent **sous** la droite d'isomarge.

Pour l'entrepreneur, les résultats de son activité sont évidemment modifiés.

La conjoncture est favorable.

Au-dessus de la droite AB, la marge est supérieure aux prévisions. La conjoncture est favorable. Les quantités vendues au nouveau prix "remisé" sont telles que la marge globale est accrue.

L'élasticité de la demande par rapport aux prix joue dans un sens favorable à l'entrepreneur.

Exemple 1 : Si le prix "remisé" s'établit à -12 % et se fixe à 8,8, entraînant un écoulement de, par exemple, 200 unités, au lieu des 167 nécessaires (voir tableau 2, ligne 4), la marge supplémentaire s'élève à : (200-167) * 1,8 = 59,4.

Ainsi l'augmentation des quantités réellement vendues, permet de dégager un « surprofit » de 59,4 par rapport à la marge prévue :

Cela semble être une « manne tombée du ciel ». En fait, à l'origine, c'est probablement une avance financière mise à la disposition des acheteurs qui s'en servent pour ces achats. Ils permettent ainsi aux vendeurs de « réaliser » 59,4 de marge, en plus du profit requis pour rembourser les avances.

Ainsi l'augmentation des quantités vendues est supérieure à l'augmentation requise pour rester sur la droite d'isomarge.

Q > r/(m-r)

La conjoncture est défavorable

Au-dessous de la droite d'équilibre AB, au contraire, la remise ne déclenche pas l'augmentation de l'écoulement des quantités nécessaires pour se maintenir sur la droite d'isomarge et conserver la marge espérée par l'homme d'affaires.

La conjoncture est défavorable. Le profit espéré est inférieur au profit réalisé.

Exemple 2 : Si le prix "remisé" s'établit à -13 % et se fixe à 8,7, (ligne 5 du tableau 2), entraînant un écoulement, par exemple, de 150 unités au lieu des 176 nécessaires, la marge ne s'élève plus qu'à 150*1,7 = 255, au lieu des 300 attendus. Cette baisse des profits constatés qui ne peuvent plus couvrir les avances financières payées pendant la production conduit à une révision en baisse de l'activité.

$Q<r/(m-r$

Les quantités écoulées sont inférieures aux quantités requises à ce prix-là pour maintenir l'isomarge.

A ce stade, il faut puiser dans les fonds propres, prélever dans les réserves et dans le patrimoine de l'entreprise ce qui fait vivre les entrepreneurs et leur famille.

Cette hypothèse, fréquemment évoquée dans l'Histoire de la Pensée Economique[33], renvoie à la question du capital primitif, de son origine et de sa traçabilité. Elle attribue un caractère précaire aux débouchés ainsi offerts. Une fois les réserves épuisées, en effet, comment la croissance s'entretient-elle ?

Or, les entrepreneurs, par les prélèvements pour équipements, les retraits et les acomptes s'ouvrent des débouchés permanents les uns aux autres. C'est donc la solution qu'il convient d'adopter pour résoudre le problème de l'équilibre entre l'offre et la demande : les hommes d'affaires s'attribuent ce qui leur est nécessaire pour vivre et pour s'équiper. Ils sont les mieux placés pour surveiller les résultats économiques et disposer de l'information en temps réel. Ils fixent les prix et les quantités en fonction de la marge attendue et de la conjoncture. Ils connaissent la situation de la trésorerie et décident de son affectation.

---

[33] Dans ce cas-là, Adam Smith donne aux « maîtres » un an ou deux à vivre.

La somme de ces comportements individuels donne un résultat collectif : les acomptes sur dividendes, les dividendes eux-mêmes, les prélèvements financiers pour autofinancement et rachats d'actions par les entreprises, les retraits personnels, toutes ces marges payées d'avance tout au long de l'exercice dépendent essentiellement des recettes provenant des ventes en cours. Une bonne partie de ces ventes ne pourrait se faire si ces distributions n'avaient pas lieu. Il n'y a donc pas d'équilibre des marchés sans profits payés d'avance.

Jean-Baptiste Say a décrit ce processus :

« On a remarqué qu'il n'est point du tout nécessaire que le produit ait été achevé, pour que plusieurs de ses producteurs aient pu retirer l'équivalent de la portion de valeur qu'ils y ont ajoutée ; ils l'ont même consommée dans bien des cas, longtemps avant que le produit fût parvenu à son terme. Chaque producteur a fait, à celui qui l'a précédé, l'avance de la valeur du produit, la façon comprise qui lui a été donnée jusque là..... Tous les revenus de la société se distribuent de la même façon. »[34]

Ainsi la loi des débouchés fonctionne uniquement si le montant des avances faites par les producteurs est à la hauteur des valeurs ajoutées par les uns et les autres. Cette façon de voir les choses implique une confiance totale dans le fonctionnement des marchés et dans l'écoulement naturel et spontané de la production. En particulier, le profit prévu par le producteur est tenu pour acquis : Il sera réalisé puisque le produit est fabriqué, donc offert, donc payé. Telle est la perception de Say. Elle doit être réfutée. En effet, si l'avance a lieu, c'est bien souvent parce que l'acheteur a obtenu un rabais consenti par le vendeur. Si celui-ci a réussi à préserver sa marge, malgré ce rabais, il est lui-même en mesure d'augmenter les quantités à écouler et de consentir une avance à un fournisseur et ainsi, de proche en proche – Walras (1834-1910) dit « par tâtonnements »-- l'équilibre de l'offre et de la demande sera préservé.

Mais l'économie classique n'explique pas que la détermination des avances répond à la loi de la détermination des prix sur le marché et des marges espérées que ces prix annoncent. Les marges espérées

[34] J.B. Say, *Traité d'Economie Politique.* Tome II. Quatrième Edition. 1819. P.70-71.

déclenchent les avances qui à leur tour ouvrent les débouchés par lesquels les prix se fixent là où les entrepreneurs les attendent : au niveau qui permette de « rembourser », et au-delà, ce qui a été prélevé.

Le risque est donc là. La "guerre des prix" stimule la production avec des effets variables.

Lorsque les décisions prises maintiennent les prix et les quantités du bon côté, c'est-à dire au-dessus, de la droite d'isomarge, la situation est favorable.

Lorsque, au contraire, les prix et les quantités sont au dessous de cette droite, le risque de faillite est réel.

La perception de cette "frontière" par l'entrepreneur confirmé est « instinctive ». Les neurosciences ont sûrement leur mot à dire à ce sujet. Mais en attendant, l'économie politique peut devenir une science si elle donne une explication acceptable de l'origine des profits à partir des avances consenties dans les conditions de l' « isomarge ».

L'art du management conduit alors plus régulièrement, non pas au franchissement permanent de la droite d'isomarge -- à la « guerre des prix »--, mais plutôt au maintien constant sur cette ligne utile au développement durable.

Il découle de ces considérations un résultat important pour l'offre et la demande globale. Les retraits personnels et les prélèvements financiers des hommes d'affaires pour assurer leur train de vie ainsi que l'autofinancement de leurs entreprises sont directement liés à la position de cette droite d'isomarge.

CHAPITRE 8

Le tableau inter-entreprises

Il nous faut maintenant envisager une approche macroéconomique qui tienne compte de ces observations

L'algorithme de l'isomarge signale à l'entrepreneur quel sentier peuvent suivre les décisions relatives aux quantités et aux prix qui stabilisent les profits à un niveau tel que les avances financières sont reconstituables à l'issue des opérations économiques de la période.

Lorsque le paradigme de la noria domine idéologiquement, la question de la reconstitution des avances à l'issue de la production ne se pose pas. L'illusion paradigmatique fait tenir pour vrai que l'offre porte en elle-même ce qui la rend utile à la demande, y compris un profit espéré normal, qui « ruisselle » vers les marchés sous forme de dividendes, si rien ne l'entrave. Pur fantasme ! Si les dividendes servent à reconstituer les acomptes sur dividendes qui ont été payés d'avance, les quantités supplémentaires qu'il a fallu produire et apporter sur de tels marchés pour cette reconstitution ne trouvent peut-être pas preneurs si facilement qu'on l'imagine.

Il reste convenu pourtant que la surproduction générale est impossible et que la déflation est purement accidentelle.

L'industrialisation issue des progrès de la science n'apporte pas avec elle le changement de paradigme économique qu'un bon observateur est en droit d'attendre. Marquée par la « maritimisation » des profits et des dividendes, la fluidité et la volatilité des rotations incessantes du capital deviennent des normes.

Or, s'il est admis qu'une discipline acquiert un début de crédibilité scientifique lorsque ses principes subissent l'épreuve de la réfutation, il faut reconnaître que l'économie y échappe et que jusqu'à maintenant elle demeure épargnée de ce point de vue. Ce qui n'est pas une bonne nouvelle pour son statut, que Jean-Baptiste Say idéalisait ainsi :

"Grâce à Adam Smith, la plus vague, la plus obscure des sciences deviendra bientôt la plus précise, et celle de toutes qui laissera le moins de faits inexpliqués".[35]

Si l'on s'attache à la question de l'origine du profit, comme fait inexpliqué et au hiatus permanent entre profit espéré et profit réalisé, il faut bien admettre que la réfutation de la loi de Say devienne envisageable.

Le chapitre précédent expose comment l'entrepreneur individuel calcule les prix et les quantités qui caractérisent la réalisation des marges vitales dans son entreprise. La rationalité de ses réflexions et de ses décisions font l'objet de l'attention la plus soutenue dans les situations de marché les plus diverses. Mais dans la perspective de définir l'origine du profit, les observations vont rarement jusqu'à mettre en lumière les revenus anticipés et les profits payés d'avance qu'il faut reconstituer pour assurer la pérennité de l'entreprise.

S'ils disent peu de choses sur ces aspects microéconomiques, ils n'en disent absolument rien, évidemment, lorsqu'il faut généraliser les comportements et noter leurs interactions stratégiques sur les marchés.

C'est pourquoi il peut sembler utile de proposer un tableau d'échanges Entrées-Sorties pour illustrer cet aspect de la vie économique.

L'objectif de ce tableau à colonnes doubles est de montrer que les entreprises 1,2,3 et 4 connaissent les montants d'avances qu'elles payent pour régler les commandes à leurs consœurs, et qui se lisent dans les colonnes.

En revanche, quand elles procèdent aux livraisons, elles ne connaissent pas les montants des ventes qui se lisent en ligne et qui leur sont payées sans qu'elles aient à connaître l'origine des fonds : soit il s'agit de disponibilités soit il s'agit d'avances financières.

---

[35] J.B. Say, *Cours d'Economie Politique, Première Lettre à Malthus*, (1820). GF-Flammarion. (1996). P. 242.

Tableau d'input-output à double colonne faisant apparaître les avances et l'excédent brut d'exploitation

Ent/ses	1		2		3		4		Total			
	Dispo	Avances	Dispo	Avances	Dispo	Avances	Dispo	Avances	Dispo	Avances	CA	Dispo
1	0	0	6	3	7	4	8	5	21	12	33	64%
2	2	2	0	0	3	1	6	4	11	7	18	61%
3	4	2	5	4	0	0	3	1	12	7	19	63%
4	5	1	6	2	7	3	0	0	18	6	24	75%
Total	11	5	17	9	17	8	17	10	62	32	94	66%
Solde Avances		7		-2		-1		-4		0		
Recettes	33		18		19		24				94	
Dépenses	16		26		25		27				94	
EBE	17		-8		-6		-3				0	

Mode de lecture du tableau bi-colonnes :

1. La lecture en colonnes des commandes passées (Demande des entreprises)

Par exemple, la lecture en colonne 1 montre que l'entreprise 1 a commandé

- 4 à l'entreprise 2, dont 2 payés par des avances,
- 6 à l'entreprise 3, dont 2, payés par des avances,
- et 6, à l'entreprise 4, dont 1, payé par des avances.

Au total, l'entreprise 1 a dépensé 16, dont 5 payés par des avances, qu'il faudra reconstituer.

De même, pour l'entreprise 2, les commandes passées s'élèvent à 26 dont 9 payés par des avances.

Pour l'entreprise 3, les commandes passées s'élèvent à 25, dont 8, payés par des avances.

Pour l'entreprise 4, le montant des commandes passées est de 27, dont 10 payés par des avances.

2. La lecture en lignes des livraisons effectuées (Offre des entreprises)

Par symétrie, les livraisons, qui représentent l'offre, sont inscrites sur les lignes.

Pour l'entreprise 1, les livraisons

- à l'entreprise 2 sont payées par la trésorerie disponible de la cliente, ici 6, et par des avances, ici 3.

- Les livraisons à l'entreprise 3, sont payées pour 7 en trésorerie et pour 4 par des avances.
- Pour l'entreprise 4, c'est 8 en trésorerie disponible et 5 par des avances.

Le total des bilans d'entreprise fait apparaître un équilibre général de l'offre et de la demande. Le total des commandes passées, mesuré en 2 colonnes est égal au total des livraisons effectuées, mesurées en ligne.

Si cet équilibre est analysé sous l'emprise du paradigme de la noria, il apparaît comme une offre véhiculée sur les lignes du tableau -- comme sur des lignes maritimes --, équivalent à la demande émanant des commandes --inscrites dans les colonnes du tableau--. Avec cette façon de voir les choses, il n'y a pas de surproduction générale ni de déflation –ni de chômage involontaire--. Or, le calcul des avances financières indispensables à l'émergence de cet équilibre souffre d'une insuffisance grave.

Chaque entrepreneur décide des avances qu'il paye pour s'approvisionner, et qu'il doit reconstituer, sans savoir quelles sommes de même nature, provenant des autres entreprises, sont disponibles dans la période. Il exerce donc sa rationalité dans une seule dimension (en colonne) sans recevoir aucune information sur ce qu'il en est dans l'autre dimension (en ligne), de la part de ses clients.

De ce point de vue, l'information n'est pas asymétrique, elle est nulle. L'entrepreneur n'a aucun moyen d'identifier la nature des flux monétaires issus de ses ventes : disponibilités ou avances financières. La traçabilité de cette circulation monétaire n'est pas requise par la théorie économique, donc elle n'apparaît nulle part.

Voilà pourquoi l'origine du profit demeure cachée depuis les origines. La somme des avances financières consenties dans l'économie est équivalente à la somme des profits constatés à tout moment de l'observation. Les circonstances font qu'à chacun de ces moments d'observation certaines entreprises reconstituent leurs avances, d'autres non. Certaines entreprises vont donc connaître l'expansion, d'autres la faillite. Les premières sont au-dessus de la droite d' « isomarge », les secondes, en-dessous.

La mesure de l'écart entre les profits espérés et les profits constatés reste liée aux comportements des entrepreneurs chevronnés qui font des plans d'affaires maximisant les profits sans faire de lien avec les avances financières indispensables, de leur propre part comme de la part des autres agents, pour s'ouvrir des débouchés les uns aux autres. La rationalité des comportements s'en trouve étroitement limitée. Les acomptes sur dividendes ne font pas l'objet d'une attention particulière et les investissements autonomes, non-financés par les ménages, sont protégés par le secret des affaires.

L'équilibre des marchés n'empêche pas l'accumulation du capital et la croissance dans la mesure où les avances financières concernent aussi l'acquisition de biens d'équipement performants et plus coûteux. La croissance demeure présente dans la mesure où les commandes passées par les entreprises (mesurées en colonne dans notre tableau) concernent principalement des actifs productifs et des biens d'équipement dont la valeur économique est plus élevée que celle des patrimoines remplacés. Cet accroissement de valeur est la croissance économique.

L'emploi de ces ressources financières spécifiques reste discrétionnaire et peut notamment être consacré au payement d'acomptes sur dividendes. C'est donc la Demande Globale, à la fois de biens de consommation et de biens d'investissements qui s'élève.

CHAPITRE 9

L'entrepreneur schumpetérien et les actionnaires

Pour illustrer par quel aveuglement la démarche de l'économiste est ralentie dans la recherche de vérités inattaquables, il peut être utile d'évoquer l'exemple de Joseph Schumpeter (1883-1950).

Cet économiste admirateur de J.B. Say, comprend mieux que les autres la nécessité de tenir compte du fait que les phénomènes économiques sont situés dans l'histoire humaine et sont intimement liés à l'ensemble des phénomènes sociaux.

Ainsi s'explique que dans sa théorie de la croissance il fasse appel, comme facteurs caractéristiques, à des faits qui ne sont pas strictement économiques.

Cependant, il ne se détache pas plus que les autres du paradigme de la noria. Voici ce qu'il écrit dans la théorie de l'évolution :

"*Pour exécuter de nouvelles combinaisons il est nécessaire de disposer de moyens de production. Il n'y a pas là de problème lorsque le circuit fait partie intégrante de notre vie ; les exploitations présentes qui accomplissent ce mouvement en se compénétrant ont déjà les moyens de production nécessaires, ou elles peuvent se les procurer normalement* ***pendant leur fonctionnement avec le gain de la production précédente*** *; il n'y a pas ici de désaccord fondamental entre les « entrées » et les « sorties » qui correspondent plutôt les unes aux autres en principe, comme toutes deux correspondent aux quantités de moyens de production offertes et aux produits demandés : une fois en marche le jeu de ce mécanisme se répète sans cesse.*"[36]

---

[36] JOSEPH SCHUMPETER (1883-1950). — *Théorie de l'évolution économique*, Leipzig, 1912. Traduction française, Paris, 1935, p. 323.

Le “ circuit qui fait partie intégrante de notre vie” évoqué dans cet extrait pourrait être une image de la Grande Roue de Vienne au Prater, qui est la plus grande noria du monde quand Schumpeter est enfant dans la capitale autrichienne. La contemplation des rotations de l'attraction viennoise n'est sans doute pas aussi inspirante que celle de la circulation des flottes intercontinentales dans les ports marchands. Il ne saurait donc y avoir dans ce texte, de “maritimisation” du profit, mais on y trouve cependant, “en marche, le jeu du mécanisme qui se répète sans cesse”. Cette manière de concevoir l'évolution économique comme un mécanisme naturel auto-entretenu n'offre guère de solutions satisfaisantes aux questions posées par les situations de surproduction générale et d'écart entre le profit espéré et le profit constaté. L'auteur présuppose dans ce texte :

1- que les avances financières se remboursent “naturellement”

2- que les quantités augmentées nécessaires à ces remboursements trouveront systématiquement preneur au prix espéré par les entreprises.

Bien plus tard, dans son *Histoire de l'Analyse économique*, il doit faire le constat de l'incohérence qui règne sur ce sujet ; et il écrit :

“La question des profits est encore plus infestée de confusions que d'autres. ”[37]

Schumpeter ne croit pas si bien dire : dix ans après la crise de 2008, les médias s'intéressent au sort des “fêlés de la finance” (sic) et à leurs nouvelles vies : Jérôme Kerviel, Fabrice Tourre (seul banquier de Wall Street à avoir été déclaré coupable), Bruno Iksil, Boris Picano-Nacci, etc. Les excès de la finance, souvent qualifiés de démentiels, sont incarnés par des agents représentatifs d'un état mental particulier, jugé irrationnel par l'opinion publique.

Finance et répartition des actionnaires

Pourtant ils ne sont pas si différents de l'entrepreneur schumpétérien qui exerce sa créativité à travers des combinaisons inédites. De nos jours, l'ingénierie financière vient se substituer à

[37] J.A. Schumpeter *Histoire de l'Analyse économique. III L'âge de la science* NRF. Gallimard. 1983 P.387

l'ingénierie maritime, mais le paradigme ne change ni de nature, ni de degré : "il faut que l'argent tourne". Plus la vitesse de circulation est élevée, meilleurs semblent être les résultats. La destruction créatrice et l'innovation disruptive offrent des champs d'action particulièrement fertiles où les profits se payent d'avance et se reconstituent aussitôt.

La noria des origines s'est manifestement transformée peu à peu en turbulences de plus en plus sévères.

Comme le dit Mario Draghi :

"Le secteur financier de nos jours est beaucoup plus important par rapport à l'économie, et les ruées de panique bancaire sont en conséquence plus coûteuses."

Afin de mieux préciser ce qu'il faudrait faire pour faciliter la protection contre les excés coûteux d'une " finance devenue folle", il faut rappeller ce que Schumpeter (et tant d'autres !) situe dans la "sphère de la logique économique pure" et qui mériterait de finir par être éradiqué.

Dans *l'Histoire de l'Analyse économique,* l'économiste écrit :

"Il nous suffit de nous rappeler que dans la sphère de la logique économique pure, le problème de la production est celui de la maximisation de la différence entre la recette d'une entreprise et son coût, et que ce maximum est soumis aux contraintes technologiques incarnées dans la fonction de production…….

Il est vrai que dans la théorie de Cambridge du début des années 1930 (R.F. Kahn, J. Robinson), le coût moyen comprend le profit normal. Mais ce schéma ne s'applique qu'aux situations de concurrence imparfaite. Ce n'est qu'en concurrence imparfaite que ce profit peut contenir autre chose que la rémunération des facteurs possédés par le propriétaire de l'entreprise, évalués au prix de marché de ces facteurs. Les profits purs sont donc nuls en concurrence parfaite. Cela peut paraître trop "abstrait". Mais cela n'a rien de faux en logique." (P.391-392)

La "logique économique pure" telle qu'elle nous est proposée dans l'oeuvre de Schumpeter, s'inscrit dans le contexte du paradigme de la noria.

Le maximum de la différence espérée entre les recettes et les coûts s'identifie au maximum constaté. Or, les conditions économiques générales pour que cette identification puisse être constatée impliquent que des avances financières soient décidées par les entreprises, sous forme d'acomptes sur dividendes ou d'autofinancement des équipements. Mes recettes deviennent alors vos coûts et mes coûts deviennent vos recettes. Celui de nous deux qui voit affluer vers lui le plus d'avances financières de la part de ses clients fait le plus de profit. Celui qui a des difficultés à reconstituer ce qu'il a avancé perd pied.

Libéral, l'économiste autrichien tient l'oeuvre de Jean-Baptiste Say pour une source essentielle de la science économique. La surproduction générale lui semble inconcevable. Tout se passe comme si les avances constitutives des cargaisons au départ (l'offre) sont disponibles dès que le navire largue les amarres. Les avances sont reconstituées instantanément par les cargaisons au débarquement, qui se succèdent les unes aux autres, comme au Prater, les "touristes" du Wiener Riesenrad enchaînent les rotations. Alors oui, dans ce contexte hypothétique, la contrainte logico-mathématique de l'annulation de la différence entre les avances financières et leur reconstitution est respectée. Mais imaginez qu'à la fin d'un tour de la Grande roue du Riessenrad il manque de façon inexplicable un(e) touriste dans une cabine, ou qu'il y en ait un(e) de plus, la plus belle attraction du Prater serait-elle toujours opérationnelle ? Et les économistes autrichiens seraient-ils toujours aussi créatifs ?

Raisonner sur la différence entre la recette et le coût pour identifier le profit, dont la maximisation est l'objectif de l'entrepreneur ne s'insére pas dans une démarche de logique "pure", comme l'écrit Schumpeter, car une bonne partie des recettes vient d'avances financières. Celles-ci sont le fruit de la volonté autonome des entrepreneurs qui répondent à divers stimulants internes et externes à l'entreprise. Le plus important de ces stimulants, fondé sur l'instinct de conservation, et sur la soumission à la volonté des actionnaires, est celui qui consiste à préserver les conditions de la reconstitution des avances, et au-delà.

C'est donc avec un caractère essentiellement discrétionnaire, contingent et opaque que, d'une part, les recettes proviennent des avances financières utilisées par les clients pour payer leurs achats, et que d'autre part, une bonne partie des coûts se règlent par des avances financières payées aux fournisseurs par l'entrepreneur. Si bien que le maximum de profit global qui puisse être payé dans l'économie est limité par la somme globale des avances financières demeurées sur le territoire de l'économie qui les a générées.

Dans le meilleur des cas, la logique évoquée par Schumpeter est limitée à un seul centre de décision isolé, au croisement d'une ligne et d'une colonne d'un tableau d'échanges inter-entreprises. Mais selon une logique plus générale, appliquée à l'ensemble de l'économie, l'origine du profit n'est pas dans cette différence Recettes-coûts, mais plutôt dans l'agrégat des avances globales décidées par l'ensemble des agents. La mesure de cet agrégat, sa traçabilité, et sa distribution représentent une tâche d'ampleur incontournable pour fonder la scientificité de l'économie.

La distribution de l'acompte sur dividende

La distribution de l'acompte sur dividende est évidemment calquée sur la distribution des actions de la société telle qu'elle est inscrite au registre des actionnaires.

Il n'en va pas de même pour les autofinancements décidés en matière d'équipements additionnels. De ceux-ci dépend la croissance économique, par augmentation de la valeur des actifs des entreprises. La diffusion dans l'économie du pouvoir d'achat engendré par les avances consenties par l'entrepreneur pour ces équipements est favorable à un accroissement de la demande globale. La reconstitution de ces avances spéciques s'opère par le jeu "naturel" des marchés et des amortissements. Le paradigme de la noria peut fonctionner d'une manière acceptable.

En revanche, la distribution d'acomptes sur dividendes à un actionnariat aux caractéristiques toujours très spécifiques pose question.

Si la question de l'origine du profit trouve une réponse dans les avances financières décidées pendant la production, ce n'est pas seulement leur montant qu'il faut observer, mais aussi leur répartition. (Voir le registre des actionnaires de HSBC page suivante)

Tableau	HSBC -Détail du Registre des Actions au 31 décembre 2009 (en 11 segments)					
Segment	**Nb d'actions détenues par segment**	**Nb d'actionnaires**	**Part du segment dans le total**	**Nb total d'actions détenues**	**Part du capital détenu**	**Nb d'actions Per capita**
11	500001-et +	1 157	0,53%	16 181 367 314	92,953%	13 985 624
10	200001-500000	757	0,34%	238 071 012	1,368%	314 493
9	50001-200000	3 210	1,46%	296 820 337	1,705%	92 467
8	20001-50000	6 541	2,97%	201 655 152	1,158%	30 829
7	10001-20000	10 858	4,93%	151 471 115	0,870%	13 950
6	5001-10000	18 792	8,54%	131 845 068	0,757%	7 016
5	1001-5000	73 547	33,42%	171 133 596	0,983%	2 327
Segment	**Nb d'actions détenues par segment**	**Nb d'actionnaires**	**Part du Segment dans le total**	**Nb total d'actions détenues**	**Part du capital détenu**	**Nb d'actions Per capita**
4	501-1000	32 745	14,88%	23 569 774	0,135%	720
3	401-500	8 047	3,66%	3 620 690	0,021%	450
2	101-400	31 295	14,22%	7 610 861	0,044%	243
1	1-100	33 140	15,06%	1 041 849	0,006%	31
	Total :	220 089	100,00%	17 408 206 768	100,000%	
	(Source : HSBC Rapport annuel 2009)					

ACOMPTES	Date Versement	Acompte / action	Nb d'actions détenues sur les marchés	Montant total distribué (€)
HSBC	18/ 05/ 09	0,06	11 915 000 000	**762 560 000,00**
HSBC 3	18 / 05/11	0,10	17 421 753 621	**1 742 175 362,10**
HSBC 2	18/ 08/ 11	0,10	17 421 753 621	**1 742 175 362,10**
HSBC 1	24/ 11/ 11	0,10	17 421 753 621	**1 742 175 362,10**

Exemples de versements pour l'année 2011

Par exemple, lorsque l'actionnariat est très concentré comme c'est le cas pour HSBC (voir tableau), les effets de richesse sont évidemment très différents selon les déciles observés.

En 2009, les 218 932 actionnaires qui détiennent individuellement moins de 500 000 actions de HSBC obéissent à une fonction de consommation très différente de celle des 1157 actionnaires qui détiennent 93 % du capital de la banque. L'avance financière sur la marge bancaire espérée qui a été distribuée le 19 mai 2009 s'élève au total à 762 560 000 euros. Les 1157 actionnaires inscrits au registre -- 0.5% du total des actionnaires – qui détiennent 97 % du capital vont probablement utiliser ces profits payés d'avance à consolider des actifs qui renforceront leurs fonds propres. Ils investissent sans doute dans des titres financiers à forte volatilité -- voir point suivant-- quoique (ou parce que) confectionnés sur la base de modèles inappropriés en termes de science économique.

En ce qui concerne les autres 218 932 actionnaires, les comportements orientent la demande globale dans des directions plus spécifiques. Toutes les formes d'avances financières ne présentent donc pas les mêmes caractéristiques. La reconstituabilité des profits payés d'avance n'est pas aussi aisée selon les conditions de leurs utilisations. Il s'agit là d'une question que se pose chaque entrepreneur. Mais l'économiste peut lui murmurer à l'oreille qu'il n'est pas seul face à ce dilemme. Tous les confrères qui ont en face d'eux des actionnaires plus ou moins bienveillants ou contestataires vivent les mêmes affres.

Pour la même année, où nous observons HSBC – voir le Panel 2009, ci-dessus --, les entreprises françaises publient des communiqués annonçant des acomptes sur dividendes. Voici un extrait de ce panel – le "top 5", cette année-là, avec HSBC--:

Total	18/11/09	1,14	2 235 400 000	**2 548 356 000,00**
GDF-Suez	18/12/09	0,80	2 193 643 820	**1 754 915 056,00**
France Telecom	27/08/09	0,60	2 648 395 291	**1 589 037 174,60**
Elf-Aquitaine	13/11/09	4,56	281 288 448	**1 282 675 322,88**

Les décisions d'acomptes sont prises dans des conditions de négociation spécifiques. L'issue des pourparlers reste indéterminée, mais une fois actée, elle est déterminante pour l'économie. Dans l'illustration proposée, l'État français pèse d'un poids particulier, mais il n'en va pas nécessairement de même pour les 16 autres entreprises du panel 2009, où d'autres actionnaires expriment d'autres revendications, parfois sans doute sur un mode conflictuel.

Ce qui peut être avéré, cependant, c'est l'isolement microéconomique des lieux de décision. Ni l'entrepreneur, ni le conseil d'Administration, ni l'Assemblée Générale Ordinaire n'ont la moindre idée de l'enchevêtrement des flux financiers décidés dans ces occasions à travers les territoires.

Tant que la science économique tient pour négligeable et « indiscrète » l'information sur les profits payés d'avance, l'agrégat du profit potentiel maximum de l'économie demeure inconnaissable. Or, cette grandeur permet d'ajuster le montant des profits espérés lors de la conception des plans d'affaires élaborés par les entrepreneurs et le montant des profits réalisables engendrés par les avances financières.

La question ne se pose pas dans les mêmes termes pour d'une part, l'acompte sur dividende et pour, d'autre part, les investissements autofinancés par les entreprises, sans passer par l'épargne des ménages, ni même par les banques. Ceux-ci sont généralement opérés sur commande, sur la foi de taux de rendement internes. Ils font l'objet de mesures d'amortissements, qui sont par définition la reconstitution des avances qui les ont rendus possibles. Ils ouvrent naturellement des débouchés par la distribution de profits payés d'avance. Leur mesure ne soulève pas de problèmes particuliers autres que la volonté politique de rendre leur identification et leur repérage systématiques.

Jean-Baptiste Say les avait déjà bien caractérisés sous la forme de « consommations productives », et ce n'est pas de leur analyse qu'il faut attendre la réfutation de la loi des Débouchés.

En revanche, les acomptes sur dividendes proprement dits posent un problème. Leurs montants sont largement au-delà des grandeurs que Adam Smith qualifierait de "proportionnées".

La méconnaissance des fondements de la régulation des échanges ne peut mener qu'à des dysfonctionnements graves.

CHAPITRE 10

L'océan de profits

Le paradigme de la noria renforce cette idée-maîtresse que la production crée la consommation et rejette l'origine du profit et sa répartition dans les limbes de la négligence bénigne.

Sur les marchés financiers, ouverts au public par définition, apparaît un donné qui s'observe et qui peut être mesuré : la « distance » (à la hausse et à la baisse), parcourue par le prix de l'actif sur une période de temps donnée. Le fait est que des valeurs différentes apparaissent pour cette variable. La *volatilité* du prix du sous-jacent (les actions en Bourse d'une société, par exemple) devient ce qu'on appelle une « variable d'état » utilisable dans les modèles. Les "techniques quantitatives de gestion", appliquées à des séries longues de données observées ont permis d'opérer la transposition d'un modèle emprunté à la physique à un problème de valorisation se posant en finance.

La financiarisation sans la reconstitution des avances

Le point précis sur lequel les modèles utilisés ne sont pas adaptés concerne le profit. Lorsque l'on vend –un titre, une option, etc--, on est censé attendre un profit. Sur les marchés financiers, aucune "variable d'état" ne mesure l'origine du profit attendu. Le pari qu'est l'option, par exemple, porte sur tel ou tel niveau de prix. Ce pari est donc manifestement une espérance mathématisable et probabilisable à partir des "big data" disponibles, mais totalement indéterminée dans la manière dont le modèle a été conçu.

Cette indétermination peut être éliminée en introduisant un facteur supplémentaire dans la formule. Pour l'atténuer, il suffit d'ajouter une variable représentant le profit du vendeur de l' option. Il devient implicite alors qu'une entité acheteuse fait l'avance nécessaire à la conclusion de la transaction. Si le vendeur identifie l'avance dont il est bénéficiaire, et si l'acheteur prend en toute conscience le risque d'avoir à reconstituer l'avance qu'il a opérée, alors l'indétermination est rendue moins insaisissable et l'information apporte des éléments rationnels à la compréhension du processus de l'échange. Dans ces conditions, la science économique est en mesure de définir les limites au-delà desquelles l'exubérance irrationnelle des marchés financiers devient incontrôlable et cause des paniques évoquées par Mario Draghi.[38]

Les problèmes à traiter ne sont pas d'ordre purement mécanique et physique. Il n'est pas sûr en particulier que l'effet ne puisse pas précéder la cause, dès lors qu'il s'agit de sciences humaines. Et il n'est par conséquent pas possible de transposer des méthodes empruntées à la science de la physique à des objets financiers, sans s'interroger davantage sur la nature propre de ce que l'on cherche à modéliser.

Il est normal qu'une variable capture le profit et permette la confrontation avec ce qui était attendu. Si les écarts ne sont pas mesurables et si, par conséquent aucune préoccupation de reconstitution des avances ne peut apparaître, la validité du modèle s'en trouve compromise.

On continue de considérer comme une preuve de scientificité le fait qu'il existe à l'arrière-plan des prises de décision un modèle mathématique emprunté à la physique des gaz (Black et Scholes).

La méconnaissance par les modèles et algorithmes financiers des avances remboursables impliquées dans toute opération économique susceptible d'engendrer du profit conduit à des soubresauts financiers.

Jean-Baptiste Say, fils d'un agent de change ruiné par les spéculations sur les assignats, dénonçait --plutôt mollement, il faut le

---

[38] "Les valeurs en Bourse sont très élevées, mais pas seulement pour le luxe. LVMH vaut beaucoup moins cher que FACEBOOK ou GOOGLE, qui affichent des valeurs considérables par rapport à leur chiffre d'affaires. D'autres types d'actifs s'envolent de façon irrationnelle. Le monde est atteint d'une certaine folie. Bernard Arnaud. LVMH. 26/1/18 Le Figaro

dire— la dangerosité d'une certaine mathématisation. Voici ce qu'il écrit en 1819, dans *le Traité d'Économie Politique* :

"...l'on s'est toujours égaré en Économie politique toutes les fois qu'on a voulu s'en rapporter aux calculs mathématiques. C'est dans ce cas la plus dangereuse des abstractions."[39]

En 1997, Myron Scholes (1941-) partage le prix Nobel d'économie, avec Robert C. Merton (1944-), pour leurs travaux mathématiques applicables aux options et dérivés qui facilitent la fluidité des marchés financiers. En 1994, quatre ans plus tôt, Scholes et Merton s'associent avec John Meriwhether (1946-), ancien de SALOMON BROTHERS, pour fonder le *HEDGE FUND* LONG-TERM CAPITAL MANAGEMENT. La firme tire parti dans ses opérations du fait que le modèle de Black et Scholes est utilisé par l'ensemble de la profession financière, ce qui ne l'empêche pas de s'effondrer en 1998, un an après l'attribution du Prix "Nobel" et d'accuser alors une perte de 4,6 milliards de dollars. Pertes dues, comme c'est toujours le cas, à l'impossibilité de reconstituer les avances engagées pour l'acquisition des titres spéculatifs.

Par la mobilisation de la profession financière qu'elle exige, l'opération de sauvetage de ce fonds spéculatif de dimension « systémique » servira de modèle aux tentatives ultérieures pour secourir la cinquième banque d'investissement américaine, BEAR STEARNS, en mars 2008, et pour LEHMAN BROTHERS, la quatrième, en septembre de la même année[40].

Myron Scholes connaîtra encore d'autres déboires, comme des pertes considérables sur un nouveau fonds spéculatif, ou une accusation de fraude fiscale dans la gestion de LONG-TERM CAPITAL HOLDINGS, liée au *hedge fund* éponyme. Il n'en demeure pas moins une personnalité très respectée des milieux financiers, membre de nombreux comités de direction, confirmant que dans la finance, la carrière ne se déroule que dans un seul sens : une fois membre du club, on en fait à jamais partie, quel que soit le niveau des pertes que l'on inflige à autrui.

---

[39] JB Say *Traité d'économie politique Tome 1* 1819
Discours préliminaire. P.xxi

[40] J'ai évoqué le cas des acomptes sur dividendes payés à la banque WACHOVIA, en avril 2008.

La déréglementation financière instituée pendant l'ère Reagan-Thatcher, qui devait faire apprécier l'efficience des marchés sans jamais évoquer les profits discrétionnaires payés d'avance, ni les modalités de leur saine reconstitution, est un échec. Ces orientations néo-libérales devaient faciliter l'autocorrection des dysfonctionnements, mais elles se révèlent en fait juste criminogènes.

Le sentiment apparaît, dans les années 2007-2008, que la finance est trahie par ses modèles, on s'aperçoit qu'une des raisons en est que des modèles de très piètre qualité sont associés au fait que des « prix Nobel d'économie » ont été attribués à leurs auteurs, ce qui, aux yeux de tous, leur confére une aura de scientificité.

Cependant, aucun de ces "prix Nobel" ne se soucie de réfuter la loi de Say, ce qui pourrait être une première étape vers l'accession de l'économie au statut de science. Tous se soumettent au paradigme de la noria : tenir pour vrai que les rotations sur les marchés trouvent en elles-mêmes les ressources pour tourner (magic wheel).

Les écarts entre ce que les modèles prévoient et les comportements effectifs qu'ils sont censés représenter sont sans conséquence sur le plan financier. Le contexte économique à l'époque, où l'Etat lui-même, prêteur en dernier ressort et signataire de garanties complaisantes, reconstitue les profits payés d'avance et évaporés, est à ce point favorable que les pertes résultant d'erreurs se noient dans un océan de profit.

Le témoignage de Paul Jorion (1946-)

Paul Jorion, anthropologue économiste, exerce des fonctions d'analyste financier aux États-Unis pendant la crise des subprimes. Il peut parler en connaissance de cause des comportements troublants qu'il observe dans l'exercice de son métier, et des "errements de la science économique". Voici son récit d'un questionnement demeuré sans réponse, sur les divergences entre modèles financiers et réalité observée.

Paul Jorion raconte :

La raison pour laquelle nous avions, chez COUNTRYWIDE, un mauvais modèle de gestion du risque n'était pas que nous en avions choisi un mauvais alors que nos concurrents avaient fait un meilleur choix : nous utilisions le modèle qui était, selon l'expression consacrée, « *la crème de la crème* » (en français dans le texte !). Au sein de l'équipe, nous n'étions cependant pas dupes : nous savions qu'il ne rendait pas véritablement compte de ce qu'il aurait fallu, et nous en parlions entre nous non seulement près de la machine à café, mais aussi au cours de nos réunions.

J'ai un jour posé la question à un représentant de la firme d'audit KPMG, en mission chez nous. Je mentionne le nom de cette firme, sachant que le résultat de notre conversation aurait été le même avec l'un des trois autres grands cabinets d'audit (PRICEWATERHOUSE-COOPERS, DELOITTE TOUCHE, ERNST & YOUNG). Je l'interrogeai en ces termes : « N'est-il pas gênant qu'un certain élément de notre modèle de gestion du risque soit inadéquat et que nous en soyons conscients ? » Je précise que COUNTRYWIDE, la firme pour laquelle je travaillais à cette époque, était numéro un dans le secteur du crédit au logement aux États-Unis : c'est nous qui détenions la part de marché la plus considérable dans la branche.

La personne à qui je m'étais adressé me répondit qu'elle allait enquêter. Elle est revenue au bout de quelques jours avec la réponse suivante : « Je me suis renseignée : le même modèle est utilisé par l'ensemble de vos concurrents » - et elle ajouta : « Cela ne pose pas de problème, puisqu'on peut considérer qu'il s'agit par conséquent d'un *"industry standard"* (d'une norme sectorielle).

À partir du moment où tout le monde utilisait le même modèle, il était possible de considérer qu'il constituait la *norme industrielle* dans notre secteur du monde de la finance. Il faut ajouter que le label « norme sectorielle » constitue une catégorie assez ambiguë, le régulateur évoquant dans ses rapports à la fois des « modèles scientifiques » et des « modèles constituant la norme sectorielle ». Le « modèle scientifique » avait la préférence, et de beaucoup, mais si le modèle de « norme sectorielle » ne méritait pas le label « scientifique », il était cependant admis, la question de sa validité proprement dite étant pudiquement laissée dans le flou....

Puisque chacun utilisait le même modèle (le fait que celui-ci se trouvât par ailleurs être faux pouvant être ignoré, le point essentiel étant le consensus dans la branche), il n'existait aucun favoritisme et, par conséquent, il y avait effectivement symétrie de l'information : comme le même modèle était utilisé par tout le monde, il n'existait pas d'asymétrie.

Ce qui était tout à fait négligé par ma correspondante, et, apparemment, par les experts qu'elle avait interrogés, c'était que la question qui se posait n'avait en réalité aucun rapport avec une éventuelle concurrence déloyale ou avec une relation éventuellement déséquilibrée entre acheteur et vendeur : le modèle dont il s'agissait était un modèle de gestion du risque, et ce qu'il importait de déterminer, c'était si son utilisation permettait de déterminer le risque.

Ce genre de confusion se rencontre en réalité absolument à tous les étages de la finance, et la conviction que l'on peut s'accommoder du fait qu'un modèle soit imparfait, voire totalement inadéquat, parce qu'on a obtenu confirmation qu'il est utilisé de la même manière par l'ensemble des intervenants, qu'il n'y a par conséquent ni avantage ni désavantage à l'utiliser, non pas en raison de ses propriétés intrinsèques, mais dans le cadre d'un univers concurrentiel, est très typique de l'incompréhension des enjeux prévalant dans ce milieu, et nous renvoie à une question beaucoup plus générale dont quiconque connaît intimement le monde de l'entreprise a pu constater qu'elle se pose avec acuité et en permanence : que le nombre de personnes qui comprennent véritablement la tâche dont elles ont été chargées est en général désespérément faible. Fin du témoignage[41]

Je rapprocherais volontiers ce témoignage de cette observation de Keynes (1883-1946), qui écrit, le 20 février 1939, à Cambridge, en préface à l'édition française de la “Théorie Générale”:

“..Les doctrines associées au nom de J.B. Say ont dominé partout la science économique beaucoup plus qu'on ne l'a cru.,...et particulièrement le sophisme d'après lequel la demande serait créée par l'offre....Say suppose qu'une activité nouvelle se substituerait toujours et ne s'ajouterait jamais à une autre activité. Presque toute la théorie postérieure découle de la même hypothèse en ce sens que cette hypothèse lui est nécessaire.”.

Keynes rejette Say ainsi que la théorie selon laquelle l'économie travaille toujours à sa pleine capacité et que la surproduction générale est impossible. Mais donne-t-il à son lecteur les moyens de se détacher du paradigme de la noria ?

[41] Paul Jorion *Misère de la Pensée économique* Fayard 2012 P. 107

CHAPITRE 11

Keynes et le paradigme de la noria

Keynes ne dissocie pas Say et Ricardo dans leur indifférence à l'égard de la demande globale. Mais en ce qui le concerne lui-même, il faut bien reconnaître qu'il ne fait pas tellement avancer les choses en continuant de tenir le profit pour un coût de production normal et les "superprofits" pour une "manne tombée du ciel" (windfall profits).

L'objectif qu'il s'était fixé de réfuter Say, n'a pas été atteint.

L'idéologie néo-libérale est devenue dominante parce que l'adhésion politiquement correcte à la loi du marché, à la "loi des débouchés" et à la loi de Say ne permet pas l'émergence d'une réflexion critique sur la manière dont est conçue l'économie.

"...Et Ricardo, écrit Keynes, conquit l'Angleterre aussi complètement que la Sainte Inquisition avait conquis l'Espagne. Non seulement sa théorie fut acceptée par la Cité, les hommes d'Etat et l'Université, mais toute controverse s'arrêta ; l'autre conception tomba dans l'oubli le plus complet et cessa même d'être discutée. La grande énigme de la demande effective, à laquelle Malthus s'était attaqué, disparut de la littérature économique. On ne la trouve même pas mentionnée une seule fois dans toute l'œuvre de Marshall, d'Edgeworth et du Professeur Pigou, qui ont donné à la théorie classique sa forme la plus accomplie. Elle n'a pu survivre qu'à la dérobée, sous le manteau et dans la pénombre de Karl Marx, de Silvio Gesell et du Major Douglas.

Une victoire aussi décisive que celle de Ricardo a quelque chose de singulier et de mystérieux. Elle ne peut s'expliquer que par un ensemble de sympathies entre sa doctrine et le milieu où elle a été lancée. Le fait qu'elle aboutissait à des conclusions tout à fait différentes de celles qu'attendait le public profane ajoutait, semble-t-il, à son prestige intellectuel. Que son enseignement, appliqué aux faits, fût austère et souvent désagréable lui conférait de la grandeur morale. Qu'elle fût apte à supporter une superstructure logique, vaste et cohérente, lui donnait de l'éclat. Qu'elle présentât beaucoup d'injustices sociales et de cruautés apparentes comme des incidents inévitables dans la marche du progrès, et les efforts destinés à modifier cet état de choses comme de nature à faire en définitive plus de mal que de bien, la recommandait à l'autorité. Qu'elle fournît certaines justifications aux libres activités du capitalisme individuel, lui valait l'appui des forces sociales dominantes groupées derrière l'autorité.

Jusqu'à une date récente la doctrine elle-même n'a jamais été contestée par les économistes orthodoxes, mais son inaptitude remarquable à servir à la prédiction scientifique a fini par diminuer grandement le prestige de ses adeptes. Car depuis Malthus les économistes professionnels paraissent avoir été insensibles au désaccord entre les conclusions de leur théorie et les faits d'observation. Le public au contraire n'a pas manqué de relever ce désaccord et c'est ce qui explique sa répugnance croissante à accorder aux économistes le tribut de respect qu'il alloue aux autres catégories de savants dont les conclusions théoriques sont confirmées par l'expérience, chaque fois qu'elles sont appliquées aux faits."[42]

S'il est un domaine où la science économique est particulièrement inapte à la prédiction scientifique, c'est bien celui du profit. On peut dire que l'écart entre les profits prévus et les profits réalisés, quelle que soit l'entité envisagée, est systématique. Et quand par miracle, il est nul, nul ne se l'explique d'une manière mesurable. Or, Keynes n'indique pas comment il conviendrait de se comporter en matière de politique des dividendes. Tout se passe comme s'il ne s'agissait là que d'un « benign neglect ». Mais la question des dividendes et des profits distribués ou réinvestis ne peut être occultée lorsqu'il s'agit d'incitation à investir ou de propension à consommer.

[42] John Maynard Keynes *La théorie générale de l'emploi, de l'intérêt et de la monnaie.* Payot 1998 P.50

En 1930, au chapitre IX du Traité sur la Monnaie, Keynes écrit :

« *Nous proposons de donner une signification identique aux trois expressions suivantes : 1) le revenu monétaire de la communauté ; 2) les gains des facteurs de production, et 3) le coût de production ; et nous réservons le terme profits pour désigner la différence entre le coût de production du produit courant et ce que donne effectivement sa vente, de telle sorte que les profits ne sont pas une part du revenu de la communauté ainsi défini.* »[43]

Le « coût de production » inclut donc le gain « normal » du capitaliste et en particulier les avances financières qu'il faut tout aussi « normalement » rembourser.

Ce gain dit « normal » ne peut devenir un « revenu » qu'après le payement. Il n'est donc pas connu avant que la vente soit réussie. Et la vente de toute l'offre ne peut pas avoir lieu exhaustivement si le revenu monétaire de la communauté n'est pas intégralement disponible.

Il est curieux que « la différence entre le coût de production et ce que donne la vente », ne semble pas plus énigmatique aux yeux des économistes, et à ceux de Keynes, en particulier, qui désirait réfuter Say. A force de vouloir chercher une solution d'équilibre général dans l'univers fermé des besoins et des ressources – celui des rotations autoentretenues de la noria--, ils font du profit espéré un "coût" intégré dans le prix de vente et disponible dès que le produit est créé, avant même d'avoir été vendu. La production, l'offre et la demande, c'est l'embarquement des cargaisons, le périple et le déchargement. Ces trois catégories forment une seule identité au service des armateurs qui font tourner les capitaux. Mais l'observation montre que parmi ces armateurs, leurs commanditaires et leurs ménages, nombreux sont ceux qui ne vivent que de profits (sans être des rentiers !) : des commerçants, des négociants, des entrepreneurs, des agriculteurs, des artisans, des travailleurs indépendants de toutes professions dont la contribution à la demande effective ne peut être négligée.

Or, cette contribution est possible pour une bonne part, grâce aux retraits personnels, aux prélèvements financiers et aux acomptes sur dividendes qui permettent d'assurer la subsistance au cours de la

---

[43] John Maynard Keynes. *A treatise on money.* Londres 1930 vol 1 P.123

production. Souvent même, en plus, ils saisissent des occasions d'investir et d'équiper leurs affaires sans attendre les résultats définitifs de leurs ventes et sans faire appel à l'épargne des particuliers.

« A treatise on money » fut publié en septembre 1930. En novembre de cette même année, Keynes publie un article sur « La grande crise de 1930 »[44] où il décrit des débours de la part des capitalistes, qui pourraient passer pour des avances financières et des acomptes sur dividendes :

« Pour la communauté dans son ensemble, écrit-il, les hommes d'affaires récupèrent autant qu'ils déboursent, car ce qu'ils dépensent durant le cycle de production forme les revenus du public et celui-ci le leur restitue en échange de leurs produits, n'est-ce pas ? ...

Non ! Malheureusement il n'en va pas ainsi ; et telle est ***l'origine de tout le mal****. Il n'est pas vrai que l'argent déboursé par les hommes d'affaires pour les coûts de production leur revienne nécessairement sous la forme de recettes lors de la vente de ce qu'ils produisent ».*

La première phrase convient tout à fait : les dépenses des hommes d'affaires forment les revenus du public (et leur reviennent, devrait-on dire). Sauf que, avec un peu de sens de l'observation, Keynes aurait pu remarquer qu'une bonne partie de ces débours dont on parle sont des profits payés d'avance. Ils sont donc une simple fraction du coût de la production des marchandises qui devront être produites pour reconstituer ces profits payés d'avance. S'ils se sont avancé 100 pour acheter une Masérati, ils devront vendre, disons, 1000, s'ils margent à 10 %, par exemple, pour reconstituer les 100 de débours. Autrement dit, ils doivent augmenter les quantités vendues s'ils veulent maintenir leur train de vie. S'il n'y a pas de demande pour ces quantités additionnelles et si les avances ne sont pas reconstituées, alors c'est la faillite.

Cette observation explique peut-être le caractère pessimiste de la deuxième partie du texte cité. Keynes se rend compte que les avances financières ne seront pas toutes récupérées. Mais il met cela sur le compte de la thésaurisation.

---

[44] Dans la revue "The nation and Athenaeum" de décembre 1930. Reproduit dans « Essais sur la monnaie et l'économie ». Payot.1990 ; P.42. (souligné par nous)

Or, J.B. Say lui-même, devançant cette objection, dit que la thésaurisation n'est pas un problème. Elle est compensée par la déthésaurisation d'autres agents dans l'économie. Ce n'est pas un argument à charge contre la loi de Say.

Non, ce qui inquiète Keynes, et sur quoi il ne parvient pas à mettre un visage, à cause du voile du paradigme de la noria, c'est que les avances financières ont implacablement pour conséquence la nécessité d'élargir les débouchés, coûte que coûte, pour dégager les marges sur un chiffre d'affaires augmenté. Keynes dit : « *les hommes d'affaires récupèrent autant qu'ils déboursent* » Mais c'est loin d'être suffisant ! Augmenter les quantités, augmenter les prix, augmenter les deux, pour faire fructifier de quoi rembourser les avances, telle est en effet, l'origine du mal. ... mais précisément, de ce mal-ci, de l'accroissement des chiffres d'affaires à réaliser pour reconstituer les profits payés d'avance.

Six ans avant la publication de « la Théorie Générale », Keynes tenait là un commencement de début de raisonnement qui pouvait lui fournir des arguments contre la loi de Say.

L'autre explication de « la propension à consommer inférieure à 1 »

Dans le langage courant, lorsque l'on évoque les « recettes », c'est-à-dire le chiffre d'affaires, ou « le prix de l'offre globale », on doit y inclure la marge bénéficiaire et accepter que celle-ci ne soit pas connue avant la fin de l'exercice quand tout est vendu et payé. Elle résulte de la différence espérée entre les recettes attendues et les coûts de production.

Mais dans l'organisation sociale prise dans son ensemble, le profit ne peut apparaître que s'il a été distribué d'avance par les hommes d'affaires, d'une manière ou d'une autre : acomptes sur dividendes et/ou autofinancements.

On comprend alors pourquoi la consommation n'est pas à la hauteur du revenu. La composante « profits et marges » de celui-ci, bien qu'étant incluse dans le prix de l'offre, n'est pas utilisable telle quelle dans la consommation. Elle est espérée, attendue et prévue mais elle est aussi infiniment diverse dans les formes de sa « prédistribution ». Il est donc peu probable qu'elle s'ajuste rigoureusement à l'offre. Le résultat est alors que la consommation réelle n'est pas proportionnelle au revenu théorique. Keynes suggère que la part du revenu consacrée à la consommation diminue quand celui-ci s'élève.

En réalité, si l'offre s'élève, il faut que les profits payés d'avance s'élèvent en même temps. Cette condition semble assez délicate à mettre en œuvre.

Si, dans la société, une part importante des ménages, composée de travailleurs indépendants, ne dépense pas ses bénéfices sous forme d'avances financières avant de les avoir gagnés, comment pourraient-ils s'asseoir à la table des festins ? Ils ne pourraient pas payer leur place puisque leur profit n'est pas calculé avant le dessert, le café et l'addition. L'offre est là, mais faut-il attendre "ce que donne la vente" pour disposer des profits ? La réponse est évidemment non. La subsistance des détenteurs de capitaux, des travailleurs indépendants et des non-salariés est impensable sans acomptes sur dividendes, retraits personnels, prélèvements financiers, rachats d'actions par les sociétés et autres facilités de caisse accordées par les entreprises.

Il est probable que ces ménages non-salariés disposent de ressources monétaires à hauteur de la trésorerie disponible provenant du chiffre d'affaires en cours. Mais en fait, rien ne garantit que la demande s'ajuste exactement à l'offre.

Voilà pourquoi la propension à consommer de la communauté est inférieure à 1 quand elle est appliquée aux revenus virtuels générés par l'offre programmée : une partie des revenus théoriques de l'offre échappe à la demande effective parce que les revenus des détenteurs de capitaux, des responsables d'entreprise, des travailleurs indépendants et de tous les non-salariés, ne sont pas entièrement disponibles avant que les ventes ne soient payées et les comptes soldés. Ce n'est pas une loi psychologique, c'est une loi économique. Mais le profit existe qui permet tant bien que mal d'équilibrer l'offre et la demande. Même s'il est déjà là à tout moment, sous forme des avances financières consenties à travers l'économie toute entière, nul ne peut dire quelle forme particulière il revêt pour une entreprise donnée. On connaît mal les acomptes sur dividendes – Internet ne dit pas tout--. Les dividendes nets calculés sur l'exercice précédent –et les autofinancements—permettent le raccordement de la demande à l'offre, mais cela reste approximatif. Et pour compléter l'affirmation de Keynes, *« les hommes d'affaires récupèrent autant qu'ils déboursent »,* il faut préciser que pour parvenir à cette récupération, ils doivent produire toujours plus. Le risque est alors évident, s'ils « déboursent » peu, d'en « récupérer » toujours moins. En même temps, l'avantage, a contrario, c'est que la contrainte d'augmentation de la production est moins forte. Par exemple, les montants à « récupérer » pour compenser les débours liés à l'acquisition d'un véhicule de petite cylindrée sont moins élevés. L'organisation sociale, alors, risque d'entrer en récession ou en déflation, formes modernes d'austérité entrainant la surproduction.

En réalité, le risque d'un engorgement global est contrecarré par le jeu des profits payés d'avance.

L'effet est direct, qu'il s'agisse de biens de consommation ou de biens d'équipement autofinancés.

Sous des contraintes de gouvernance explicitement fondées sur la science économique néo-libérale, les institutions de régulation sont mises en veille. Les agents économiques distraient du chiffre d'affaires de quoi assurer leur subsistance, en respectant peu de principes.

Des additifs protéiformes apparaissent dans un contexte de créativité financière. La multiplicité des avances financières face à la multiplicité des produits dérivés et autres, n'est pas l'expression d'une approche tendanciellement bénéfique de l'équilibre général entre l'offre et la demande.

Or, tant que les actionnaires n'ont pas détaché leurs coupons, ils n'entrent pas sur le marché et les marchandises qui leur étaient destinées restent sur les étagères.

Il n'est donc pas réaliste d'occulter les pratiques des hommes d'affaires qui distribuent des profits payés d'avance et autofinancent des investissements en prélevant les moyens financiers nécessaires sur le chiffre d'affaires en cours, phénomène qui n'apparaît jamais dans l'œuvre de Keynes, bien avant la clôture des comptes de l'exercice.

Pour situer aussi clairement que possible l'origine de la difficulté qui bloque le développement de la science économique aujourd'hui, il semble utile de définir une théorie réaliste par opposition à la théorie keynésienne.

De la théorie keynésienne à la théorie réaliste

Définitions des composantes du modèle de Keynes :

D = Demande
C = Consommation
I = Investissement
O = Offre
W* = *Salaire
N = Emploi
α = Rapport du profit normal au salaire payé
E = Épargne

Théorie de Keynes

D = C+ I
O = wN + αwN
wN + αwN = C + E
ou O = C + E, avec I=E, donc D= O

Ce qui pose problème et vient du paradigme de la noria, c'est la définition keynésienne de « **α** », qui représente la part du « profit normal » dans le chiffre d'affaires prévu. Le profit « normal » est un profit espéré, voire fantasmé. Il n'est pas certain qu'il se réalise et prenne la forme monétaire que l'entrepreneur-employeur souhaite.

Pour qu'il soit effectif, il est nécessaire que dans le reste de l'économie, d'autres entrepreneurs-employeurs payent des profits d'avance à eux-mêmes ou à leurs actionnaires. Et il est nécessaire que les décisions d'avances financières soient prises simultanément. Les investissements autonomes, sans faire appel à l'épargne des ménages jouent aussi leur rôle dans la Demande Globale, mais Keynes n'en parle jamais. L'incertitude la plus grande pèse donc sur l'origine du profit. Certes, sous des formes infiniment variées, l'espérance du profit contenue dans « **αwN** » incite à investir et elle justifie des distributions d'acomptes destinés à assurer la subsistance de leurs bénéficiaires et de leurs proches en attendant les résultats des marchés. Ce faisant, elle crée elle-même ces résultats. Keynes n'explique pas comment « **α** » qui fait partie de l'offre, peut se retrouver dans les composantes de la demande.

Il faut donc reprendre la question d'un point de vue plus réaliste.

Définitions des composantes du modèle réaliste

D = Demande
W = Masse des salaires payés
AsD = Masse des dividendes et des acomptes sur dividendes
Pp = Profits prévus
Ia = Autofinancements
Pr = Profits réalisés
O = Offre

Théorie réaliste

D = W + AsD + Ia
O = *W* + *Pp*
AsD + Ia = Pr

La somme AsD + Ia n'est pas nécessairement égale à Pp. En effet, nul ne connaît le montant des Acomptes sur Dividendes, des Investissements autofinancés, des retraits personnels, des prélèvements financiers ou des rachats d'actions aux ménages par les entreprises, toutes décisions prises principalement et individuellement par les hommes d'affaires dans le secret des conseils d'administration.

Donc, **D** n'est pas nécessairement égale à **O**.
La loi de Say est réfutée.
Pour qu'elle puisse être validée, il est nécessaire que
ASD +Ia = Pp,
Donc, que Pp-Pr=0.

Lorsque les profits réalisés Pr sont différents des profits prévus Pp, situation la plus probable dans l'état actuel des connaissances économiques, il faut trouver des ajustements. Les programmes de production lancés par les hommes d'affaires sont « revus » en hausse, si Pr> Pp, ou en baisse si Pr<Pp.

Mais de toute façon, les profits réalisés sont la somme des acomptes et prélèvements opérés avant la mise en vente de la production courante. Ces profits payés d'avance refluent vers les entreprises et en représentent les résultats.

Suffirait-il alors de payer les profits d'avance et de les dépenser en biens de consommation et d'investissement pour éliminer tout risque de surproduction, de déflation et de chômage ?

La réponse à cette question est simple : tout dépend de la capacité de reconstituer et rembourser les avances faites. Si la reconstitution est impossible, tout s'arrête.

Keynes, dit que le choix fait par les entrepreneurs de dépenser le profit soit en biens de consommation, soit en biens de production n'a pas d'importance. Mais la question n'est pas là. La question est de savoir d'où vient le profit ? Si l'on ne recourt pas aux avances autoconsenties ou débattues de manière antagonique et contradictoire avec leurs commissionnaires et leurs actionnaires par les hommes d'affaires, il n'y a pas d'explication réaliste à cette origine.

CHAPITRE 12

Marx et la science économique

Marx met du temps à se dégager du paradigme de la noria qui lui fait tenir pour vrai que production, circulation, reproduction s'emboitent dans une succession d'impulsions causales où la volonté humaine ne joue aucun rôle.

« Dans la forme immédiate de la circulation des marchandises examinée jusqu'ici, écrit-il en 1867, la même valeur se présente toujours double, marchandise à un pôle, monnaie à l'autre. Les producteurs échangistes entrent en rapport comme représentants d'équivalents qui se trouvent déjà en face les uns des autres. A mesure cependant que se développe la circulation, se développent aussi des circonstances tendant à séparer par un intervalle de temps l'aliénation de la marchandise et la réalisation de son prix. Les exemples les plus simples nous suffisent ici. Telle espèce de marchandise exige plus de temps pour sa production, telle autre en exige moins. Les saisons de production ne sont pas les mêmes pour des marchandises différentes. Si une marchandise prend naissance sur le lieu même de son marché, une autre doit voyager et se rendre à un marché lointain. Il se peut donc que l'un des échangistes soit prêt à vendre, tandis que l'autre n'est pas encore à même d'acheter. Quand les mêmes transactions se renouvellent constamment entre les mêmes personnes les conditions de la vente et de l'achat des marchandises se régleront peu à peu d'après les conditions de leur production. »[45]

Les marchés ont pour fonction de multiplier les occasions d'échange, de sorte que si un acheteur fait défaut, d'autres acheteurs

[45] Karl Marx, *Le Capital* GF 1971 P.109

prennent sa relève, et de proche en proche, les marchés s'ouvrent les uns aux autres. Le paradigme de la noria est maintenant disloqué par Marx qui observe les débuts de l'industrialisation. Mais cette fragmentation fait aussi apparaître que les capitalistes entrent dans une turbulence faite d'avances financières et de reconstitution de profits distribuables qui peuvent être calculés d'avance.

A la fin de sa vie, cinq ans avant sa disparition, Marx élabore un modèle, connu comme « les schémas de la reproduction », où l'importance des avances financières par les capitalistes est formalisée d'une manière intéressante.

Il s'écarte, ce faisant, du paradigme de la noria. Il apparaît en particulier que les rotations ne sont pas autoentretenues par les « forces » du marché et de la production. Loin de là.

Marx conçoit aussi bien les prélèvements financiers endogènes par les exploitants, de ce qu'il leur faut pour subsister et pour autofinancer l'équipement de leurs moyens de production, que les relations inter-entreprises exogènes qui viennent équilibrer les marchés.

Les avances financières dans les schémas de la reproduction

Le cheminement proposé par les schémas de la reproduction simple de Marx au chapitre XX du Livre Deuxième du Capital démontre que si des initiatives de "dépenses par anticipation" ne sont pas prises par les capitalistes, il n'y a pas de "transformation de la plus-value en argent".[46]

La reproduction simple

Pour préciser le moment où se situe cet apport dans le raisonnement de Marx, il faut rappeler ce qu'est le modèle de la reproduction simple.

[46] *Le Capital. Livre 2.* Editions Sociales. 1969. Chapitre XX La Reproduction Simple. P .52-55

Définitions :

Secteur 1 = secteur des moyens de production
Secteur 2 = secteur des biens de consommation
v = somme des salaires payés
c = capital utilisé
pl = plus-value ; supposée ici de 100% de v ; rapportée à c, elle donne le « taux de profit »
£ = Livre sterling, référence monétaire utilisée par Marx

Théorie

Base chiffrée de l'analyse de la reproduction simple de Marx :
Produit-marchandise du secteur 1 : 6000 £
Secteur 1 : 4000c + 1000v + 1000 pl
Produit-marchandise du secteur 2 : 3000
Secteur 2 : 2000c + 500v + 500 pl

Hypothèses

Les salaires (v) et les plus-values (pl) sont entièrement utilisés pour acheter des produits de consommation du secteur II ; supposons que (pl) transformée en monnaie puisse s'appeler « dividende », les avances financières maintes fois évoquées par Marx seraient donc des « acomptes sur dividende ».

Les capitaux (c) sont consacrés aux renouvellements des moyens de production.

Offre du secteur I = 6000 £
= Demande au secteur I
= $4000c_1+2000c_2$

Offre du secteur II = 3000 £
= Demande au secteur II
= $1000v_1+1000pl_1+500v_2+500pl_2$

Pour que le circuit de la reproduction (noria paradigmatique) puisse se déclencher, il est nécessaire que les produits d'un secteur soient vendus à l'autre secteur : les capitalistes du secteur 1 vendent des moyens de production à leurs collègues du secteur 1 ainsi qu'aux capitalistes du secteur 2, et les capitalistes du secteur 2 vendent des biens de consommation aux capitalistes et aux salariés du secteur 1, ainsi qu'aux salariés et à leurs collègues du secteur 2.

1. Pour commencer, constatons que la subsistance des salariés du secteur 1 ne souffre pas de délais, c'est une question de survie : les 1000 v du secteur I, c'est-à-dire les salaires des ouvriers fabriquant des biens d'équipement, sont tout de suite payés et dépensés dans le secteur 2. Ils proviennent du capital du secteur 1, qui sert à faire des avances.
2. Il s'ensuit que les capitalistes du secteur 2 peuvent acheter, avec leurs recettes, pour 1000 £ de machines.

C'est là que le circuit démarre.

A partir de là, sans la solution de l'avance -- "l'acompte sur dividende"--, le schéma est bloqué, car les capitalistes du secteur 1 attendent que les capitalistes du secteur 2 veuillent bien dépenser 1000 £ de plus pour le reliquat des équipements qu'ils ont à vendre. En effet, on suppose qu'ils en ont déjà vendu pour 4000 £ à leurs collègues du secteur 1, en plus des 1000 £ vendus aux capitalistes du secteur 2. Restent donc 1000 £ de machines à écouler. Il faut donc un autofinancement de 1000 £ par les capitalistes du secteur 2.

Pour débloquer la situation, il faut faire une avance à partir des réserves d'argent qui existent "forcément" (Marx dixit[47]) entre les mains des capitalistes des deux secteurs.

Réflexions sur les schémas de la reproduction

Dès lors, la démarche de l'auteur offre des analyses qui éclairent l'économie politique sous des angles inattendus. Proposons ici cinq thèmes inopinés contenus dans les « schémas » du chapitre XX. Ces réflexions sont orientées vers la recherche d'une nullité de l'écart entre le profit espéré et le profit réalisé.

---

[47] Ibidem. Chapitre XX P.53. Pour « forcément » la traduction anglaise propose « under all circumstances » (http://www.marxists.org)

Première réflexion : les capitalistes ne vivent que d'acomptes sur dividendes

1. Ici, une première surprise nous attend. Marx veut que la moitié de l'argent nécessaire pour acquérir le reliquat des biens d'équipement soit avancée par les capitalistes du secteur II, soit 500 £, c'est-à-dire la totalité de la plus-value du secteur II, ce qui est énorme. Cela représente 100 % des dividendes attendus.
2. Dans le même temps, les capitalistes du secteur I devraient avancer le même montant de 500 £ au secteur II, ce qui représente pour eux la moitié de la plus-value attendue, pour y acheter des biens de consommation pour eux-mêmes.
3. Ainsi, les capitalistes du secteur II avec leur propre avance et avec celle que les capitalistes du secteur I consacrent à leur consommation, pourraient financer à hauteur de 1000 £ l'achat du reliquat de machines du secteur I et reconstituer les biens de production du secteur II : 500 £ d'avance sur leur propre plus-value + 500 £ de recettes payées (sous forme d'avance) par les capitalistes du secteur I.

En somme, c'est la totalité des dividendes que Marx demande au secteur II d'avancer pour s'autofinancer en biens de production. Il ne reste alors rien d'autre aux capitalistes de ce secteur pour payer leur propre consommation. Normalement, après avoir payé leurs salariés (v_2) et leurs biens de production (c_2), ils doivent mourir de faim. A moins que les capitalistes du secteur I ne s'empressent de leur acheter des biens de consommation en se payant d'avance les 500 pl_1 qui leur sont nécessaires pour cet achat.

En effet, les capitalistes du secteur I avancent tout de suite la première moitié de leurs dividendes espérés, comme nous l'avons vu au point 2, et se procurent des produits du secteur II. Ils financent de cette manière leur futur client. On comprend bien leur intérêt à négocier avec les capitalistes du secteur II : en leur achetant leurs produits, ils leur fournissent les fonds nécessaires pour acquérir le reliquat de leur propre production. Mais ils n'avanceront la seconde moitié de la plus-value espérée que le moment venu, compte tenu, éventuellement, du rythme des ventes dans leur propre secteur. On devine alors l'anxiété (Smith) des vendeurs du secteur II qui attendent les décisions d'"acomptes sur dividendes" des capitalistes du secteur I. La reproduction simple dépend de ces décisions.[48]

Deuxième réflexion : le taux de distribution importe peu

En ce qui concerne la destination des avances, c'est-à-dire leur partage entre consommation personnelle et autofinancement des biens d'équipement, Marx dit ici que : *"pour notre démonstration, la proportion est tout à fait indifférente"*[49].

Et il est vrai que chaque entreprise fait la politique des dividendes qu'elle veut. Verser des acomptes, pendant le déroulement des opérations, pour favoriser la consommation personnelle des capitalistes ou, au contraire, ne pas en verser, pour favoriser l'autofinancement de l'entreprise, telle est la question à laquelle Marx est indifférent.

Par exemple, *« ...1 fait par anticipation, avant la vente de sa marchandise, une dépense d'argent d'un montant de 500 £ pour l'achat à 2 de moyens de consommation, dépense qui correspond à la moitié de la fraction pl de son capital-marchandise encore en stock chez lui sous forme de produit. Avec ces 500 £, 2 achète à 1 des moyens de production. »*[50]

Marx n'envisage pas que l'anticipation de 1, qui prélève la moitié des marges attendues, puisse être cause de faillite si 2 ne lui « restitue » pas exactement cette avance en lui achetant des moyens de production.

Dans ce cas, cela signifie que 2 ne pratique pas suffisamment l'autofinancement des investissements, et distribue « trop » de dividendes à ses propres capitalistes. Il est donc faux de dire comme Marx, que *« la proportion est tout à fait indifférente »*. Il faut un accord entre flux et reflux que rien ne peut garantir. On ne voit vraiment pas pourquoi 2 achète pour 500 £ de moyens de production. C'est bon pour le modèle, mais est-ce la réalité ?

---

48 Marx utilise 8 fois l'expression « avance » dans les 4 pages de la section III du chapitre 20 sur « la reproduction simple ».

49 Ibid. P.53. « M&M », Modigliani-Miller (1966), le plus célèbre des modèles de finance d'entreprise « dit » la même chose.)

50 ibid. pp 53-54

En faisant cette série d'hypothèses que les avances des uns comblent systématiquement les attentes des autres, Marx tombe dans le même travers que les économistes qu'il accuse de *« niaiserie ».* Il tient pour vrai le paradigme de la noria. Il oriente ainsi la recherche vers l'étude de proportionnalités virtuelles entre les activités globales des secteurs, alors que ce n'est pas là que se situe l'essence de la loi de l'offre et de la demande.

Pour définir les conditions de l'équilibre général de l'offre et de la demande, il est important, de se préoccuper des motivations qui commandent les avances, et tout particulièrement des besoins personnels des capitalistes et de leurs proches.

Mais il faut aussi tenir compte des conditions de la reconstitution de ces avances. Pour reconstituer les avances financières il faut augmenter les quantités à vendre, d'un multiple qui est l'inverse du taux de profit.

Dans le schéma de Marx, par exemple, 1000 £ de plus-value Pl_1 par rapport à 6000 £ de produit marchand du secteur 1, représentent 16,6666 % des ventes. Si des profits sont payés d'avance, il faut être sûr que les quantités vendues au prix espéré peuvent être multipliées par six fois le montant de l'avance financière. Cette contrainte échappe à Say, comme à Marx.

En ce qui concerne les autofinancements, la contrainte de reconstitution est contenue dans les procédures d'amortissements qui sont étalées dans le temps. L'avance financière peut être rendue équivalente à la marge annuelle brute dégagée par l'exploitation..

Troisième réflexion : les débouchés s'ouvrent sans délais

Dans le livre 1 du *Capital,* Marx critique la loi des Débouchés en soulignant que personne n'est obligé d'acheter immédiatement après avoir vendu, ce qui perturbe l'équilibre présumé de l'offre et de la demande, et contredit la loi des Débouchés.

Au livre Deuxième cité ici, il modifie son point de vue et insiste sur le caractère « passager » de la détention monétaire :

« *Les capitalistes de I ont retiré exactement* ***autant*** *de valeur qu'ils avaient jeté en marchandises, écrit Marx,... Naturellement,...cette métamorphose de la plus-value en argent n'est que passagère. Elle ne dure exactement que le temps de l'intervalle entre la conversion de la* *marchandise I en argent et la conversion qui lui succède de l'argent I en marchandise II. »*[51]

Maintenant, voici ce que disait Say, dans le célèbre chapitre XV du *"Traité d'économie Politique »* intitulé « Des débouchés » :

« Lorsque le dernier producteur a terminé son produit, son plus grand désir est de le vendre, pour que la valeur de ce produit ne chôme pas entre ses mains. Mais il n'est pas moins empressé de se défaire de l'argent que lui procure sa vente, pour que la valeur de l'argent ne chôme pas non plus. Or, on ne peut se défaire de son argent qu'en demandant à acheter un produit quelconque. On voit donc que le fait seul de la ***formation*** *d'un produit ouvre, dès l'instant même, un débouché à d'autres produits. »*

Marx, comme Say avant lui, semble penser qu'il est aussi facile d'échanger de l'argent contre des marchandises, que des marchandises contre de l'argent. Il présente la conversion de la marchandise en argent comme si c'était un jeu d'enfant, aussi facile que la conversion d'argent en marchandise. Or, rien n'est moins sûr, au contraire. L'observation montre que ceux qui ont des marchandises ou des services à vendre manquent parfois cruellement de clients, notamment s'ils s'adressent à des détenteurs de capitaux.

Ni la "formation" de la marchandise (Say), ni sa "conversion" à partir de l'argent (Marx), ne peuvent être immédiatement déterminantes sur les marchés pour générer des revenus. Faut-il attendre qu'elles soient vendues pour connaître les marges qu'elles ont générées ?

Non, l'acompte sur dividende est la solution –préférée au crédit bancaire et à l'affacturage --, et Marx l'écrit quelques lignes plus bas :

« La plus-value est monnayée par de l'argent dépensé par son propre producteur capitaliste pour sa consommation privée ; cet argent représente une anticipation de revenu, une anticipation de recette sur la plus-value recelée par la marchandise encore à vendre. ... Et ainsi l'argent qu'il a mis en circulation lui-même sert à monnayer sa propre plus-value. »[52].

---

[51] Ibidem. Chapitre XX. P.70

[52] Ibidem. Chapitre XX. P.70-71

Ainsi, dans la même page, et par un cheminement différent, Marx rejoint J.B. Say et le complète pour faire progresser la science économique par la réfutation de la loi des débouchés et par la prémonition de la loi des profits payés d'avance.

Curieusement, cette prémonition s'exerce aussi par rapport à la réflexion keynésienne.

On l'a vu : Keynes publie un article sur « La grande crise de 1930 »[53] où il décrit des débours de la part des capitalistes, qui pourraient passer pour des avances financières et des acomptes sur dividendes :

« Pour la communauté dans son ensemble, écrit Keynes, les hommes d'affaires récupèrent autant qu'ils déboursent, car ce qu'ils dépensent durant le cycle de production forme les revenus du public et celui-ci le leur restitue en échange de leurs produits, n'est-ce pas ? ... »

Quant à Marx, à propos des avances des capitalistes, il (avait) dit : *« ils en récupèrent (de l'argent) autant qu'ils en ont avancé pour la circulation monétaire » (p.55 du Capital, livre II, fin du 1er alinéa).*

Telle est bien en effet l'origine du profit. Si l'on connaît le montant des avances, on connaît le montant des profits. Et l'on peut savoir s'ils sont « normaux » et conformes aux espérances.

Quatrième réflexion : la détermination des acomptes sur dividendes et les dividendes fictifs

Ici surgit la quatrième surprise contenue dans ces passages du Capital. Marx explique que le capitaliste « jette de l'argent dans la circulation » pour satisfaire ses besoins personnels. C'est une avance dont le montant est calculé par anticipation sur les recettes attendues.

1) Le créateur d'entreprise

Dans le cas particulier du créateur d'entreprise, les principes qui régissent les avances sont évidents :

« *Si c'est un créateur d'entreprise, écrit Marx, il se passera un bon moment avant qu'il puisse dépenser ses recettes pour sa*

---

[53] Dans la revue "The nation and Athenaeum" de décembre 1930. Reproduit dans « Essais sur la monnaie et l'économie ». Payot.1990 ; P.42.

consommation personnelle. Il ne suspend pas sa consommation pour autant. Il se fait à lui-même une avance sur la plus-value à gagner ; ce faisant, il avance aussi un moyen qui va circuler. Si, par contre, l'affaire fonctionne régulièrement depuis longtemps déjà, débours et recettes se répartissent sur l'année à diverses échéances. »[54]

Marx continue :

2) La consommation des capitalistes

"Mais il est une chose qui se poursuit sans interruption : c'est la consommation des capitalistes ; elle est calculée par anticipation sur les recettes habituelles ou attendues et son volume en constitue une certaine proportion. Mais si au cours de l'année... les prix s'effondraient de telle sorte que la vente de la production marchande de toute l'année ne permette de réaliser que la valeur-capital avancée qu'elle recèle, alors apparaîtrait clairement le caractère d'anticipation de l'argent dépensé sur une plus-value à venir. Si notre capitaliste fait faillite, ses créanciers et le tribunal rechercheront si les dépenses privées qu'il a faites par anticipation étaient dans un juste rapport avec le volume de son affaire et la rentrée de plus-value correspondant habituellement ou normalement à son affaire. »

Dans un premier temps, Marx évoque le créateur d'entreprise et le fonds de roulement qui le concerne. Aujourd'hui, nous pourrions dire que l'information comptable et financière concernant ces activités se retrouve dans le "business plan". Dans certaines conjonctures (bulles spéculatives) le montant des investissements ainsi recensés n'est sûrement pas négligeable.

Dans un second temps, Marx nous parle d'une entreprise plus ancienne, pour souligner le flux régulier des avances facilitant la consommation des capitalistes.

Il souligne alors la nécessité du calcul d'une certaine proportion et d'un "juste rapport" entre les avances faites à lui-même par le capitaliste et les résultats en termes de "rentrées de plus-values", à l'issue de l'exercice.

---

[54] Ibidem. Chapitre XX. Section V « La réalisation des échanges par la circulation monétaire » PP. 72-73

Nous sommes donc en présence d'une vision des choses qui rattache le fonctionnement de l'économie à des comportements humains et personnels totalement indéterminés à l'échelle individuelle.

Le capitaliste, ses créanciers et le tribunal, par exemple, doivent "calculer un juste rapport" entre les avances et les résultats. Il leur manque une information importante : le montant des avances décidées par les autres détenteurs de capitaux. En effet, celui-ci détermine le montant des profits potentiels de l'organisation sociale à laquelle appartient l'entreprise individuelle. L'inculpation pour distribution de dividendes fictifs signifie une captation abusive et délictueuse des avances décidées par les confrères. L'augmentation des quantités produites n'est pas suffisante dans ce cas-là pour dégager la marge nécessaire à la reconstitution des profits payés d'avance.

Cette connaissance des avances de tous implique un niveau d'information et de conscience de la part des agents économiques qui est loin d'être accessible au commun des mortels, fût-il entrepreneur confirmé. C'est à l'économiste de les révéler. Il faut en effet savoir comment les avances de tous les capitalistes vont circuler d'un secteur à l'autre, et à l'intérieur de leur propre secteur. L'origine du profit est là.

Il faut ensuite poser le problème de la transformation des avances en marges. Ici la réflexion doit porter sur la quantité et les montants monétaires en cause, mais aussi sur leur "qualité", consommation ou autofinancement, en liaison avec l'élargissement de la reproduction.

Cinquième réflexion : le rôle de la classe ouvrière

Marx nous réserve alors une cinquième surprise. Il va maintenant envisager que la classe ouvrière puisse « participer » au jeu :

« *...car ici il n'y a que deux classes en présence : la classe ouvrière qui ne dispose que de sa force de travail ; la classe capitaliste, qui possède le monopole des moyens de production et de l'argent. Si la classe ouvrière avançait par ses propres moyens, au départ, l'argent nécessaire à la réalisation de la plus-value contenue dans les marchandises, c'est là que résiderait le paradoxe. Cependant dans tous les cas, le capitaliste individuel ne procède à cette avance que dans la forme suivante : il fait acte d'acheteur, dépense de* *l'argent pour acheter des moyens de consommation, ou avance de l'argent pour acheter des éléments de son capital productif, soit de la force de travail, soit des moyens de production.* »[55]

Deux situations se présentent donc :

1. celle du capitaliste individuel créateur d'entreprise et de la classe capitaliste, dans son ensemble, qui s'avance à elle-même ce qui la fait vivre : des marchandises et de l'argent ;

2. celle de la classe ouvrière, hypothétique et paradoxale, qui peut envisager d'avancer l'argent nécessaire à la réalisation de la plus-value.

Dans la première situation, le capitaliste individuel doit satisfaire des besoins quotidiens et se préoccupe seulement de se faire à lui-même des avances raisonnables pour consommer. La reproduction est simple. Les avances se retrouvent dans les profits.

Dans la deuxième situation, c'est bien le fonctionnement général de l'économie qui est en cause, avec comme point de départ : les agents indifférenciés, capitalistes ou ouvriers, qui se procurent par des avances, des moyens de consommation.

Parmi ces agents, ceux qui deviennent entrepreneurs, de quelque classe soient-ils, vont par définition se procurer des biens de production. Ces moyens-ci sont durables. Ils durent plus d'un cycle de production et la mesure de leur valeur marchande est celle de l'élargissement de la reproduction, c'est-à-dire de la croissance économique.

Autrement dit, la reproduction élargie se paie d'avance.

La surproduction générale reste tout à fait possible à cause de l'indétermination qui caractérise le niveau des marges et des profits, avancés d'abord, distribués ensuite, après reconstitution. Mais elle n'est pas inéluctable, car cette indétermination peut être levée si les avances financières faites par les agents économiques sont connues. Encore faut-il définir dans quelles proportions et par quels circuits. Je connais un peu les « acomptes sur dividendes » des capitalistes, qui dévoilent le phénomène, mais il ne s'agit que de la partie visible de l'iceberg.

---

[55] Ibidem. Chapitre XX. P. 73 .

La réalité de nos organisations sociales, avec le grand nombre de travailleurs indépendants, d'entreprises de toutes tailles, et d'actionnaires de tout statut qui les caractérisent, présente des particularités complexes. L'identification de chaque avance, souhaitée par l'économiste, exige donc plus d'information, notamment dans une société participative.

CONCLUSION

Le risque de la participation

A l'occasion de l'anniversaire du décès du Général De Gaulle, le 9 décembre 2017, Bruno Le Maire (1969-), ministre français, déclare :

"Au printemps prochain, nous présenterons une loi sur la croissance et la transformation des entreprises. Elle renforcera les mécanismes d'intéressement et de participation. Seule la moitié des salariés en bénéficie aujourd'hui.

À terme, notre objectif est que 100 % des salariés soient associés, d'une manière ou d'une autre, aux résultats de leur entreprise. "

Au sein des entreprises, les salariés sont de plus en plus présents dans les conseils d'administration. Ils peuvent être délégués soit de l'ensemble de leurs collègues en tant que tels, défendant leur pouvoir d'achat et leur emploi, soit des actionnaires salariés, défendant leur patrimoine. Les deux mandats sont différents ; ils peuvent être contradictoires. Les difficultés résultant des différences d'intérêts et des divergences d'opinion entre les administrateurs issus du salariat, selon qu'ils sont détenteurs d'actions ou pas, peuvent s'amplifier et sans doute perturber le fonctionnement des organes de décision. A ce moment-là, par un effet de propagation en chaîne, une sorte de crise « systémique », impliquant l'ensemble des institutions financières, peut voir le jour.

Le risque systémique contenu dans l'actionnariat salarié n'est pas illusoire. Les Assemblées Générales Ordinaires d'actionnaires s'en font régulièrement l'écho.

Par exemple, j'ai évoqué la société GTT (v.p.70), qui distribue régulièrement un acompte sur dividende. Le 19 mai 2017, l'AGO des actionnaires de cette société a rejeté la 16ème résolution autorisant le

Conseil d'Administration à procéder à une ou plusieurs augmentations de capital réservées aux salariés.

Comprendre ce risque, le prévenir, suppose de revenir sur les mécanismes de valorisation des actifs financiers aujourd'hui.

Il peut être utile de se demander pour commencer, si les protagonistes sont capables d'identifier les risques spécifiques découlant de la participation et ensuite, de proposer des voies nouvelles pour analyser et conjurer ces risques éventuels.

Le premier niveau de risque identifié en ce qui concerne le développement de l'actionnariat salarié tient à l'asymétrie de l'information et au déséquilibre des pouvoirs qu'elle engendre.

D'une manière générale, les innovations découlant de l'ingénierie financière sont de plus en plus nombreuses et intimidantes par leur évidente complexité.

Les épargnants n'ont pas les moyens de saisir toutes les subtilités des instruments très sophistiqués qui sont dérivés de leur épargne. Dans ce cas là, proclamer *le* laisser-faire revient à leur demander de *se* laisser faire. Cette remarque vaut évidemment pour l'actionnariat dans sa globalité, mais en ce qui concerne plus particulièrement les salariés, la perspective d'un revenu patrimonial différé s'inscrit dans un projet d'épargne de précaution, notamment pour la retraite. Il est donc crucial, du point de vue de leurs représentants, de comprendre les mécanismes de garantie à mettre en œuvre : choix des fonds de pension, des audits, des banques.

Cependant, ce n'est pas à ce niveau que la science économique peut déceler un risque systémique.

La réflexion sur la bonne gouvernance des entreprises place cette préoccupation de défense des intérêts matériels et moraux de l'ensemble des parties prenantes au cœur du débat.

On cherche ainsi à donner une bonne base à l'installation de cet « actionnariat populaire » que tant de voix, de la finance jusqu'à la politique, appellent de leurs vœux.

C'est ici que la science économique peut attirer l'attention sur le risque principal qui menace l'actionnaire salarié, à la fois dans son statut d'actionnaire et dans celui de salarié. D'une part, comme actionnaire il perçoit dorénavant moins de dividendes et moins de plus-values, et d'autre part, comme salarié, son pouvoir d'achat baisse.

Comment cela est-il possible ?

L'offre, disent les économistes, c'est-à-dire la production, engendre des salaires versés et des profits distribués. La demande en découle, elle-même engendrée par ces salaires et ces profits.

Il y aurait donc un lien mécanique entre l'offre et la demande. Plus il y a d'offre, et plus il y a de demande. A partir du supplément d'offre, prophétise-t-on, s'enclenche forcément un cercle vertueux, avec plus de revenus, donc plus de demande. Cette idée constitue la base des arguments des défenseurs du marché, qui en font un dogme. Ce dogme s'exprime dans le paradigme de la noria.

Car si l'on y réfléchit bien, notamment en observant l'actionnaire salarié, qui devient ainsi le révélateur d'une vérité cachée depuis la naissance de l'économie, une question se pose dès lors qu'il existe des consommateurs-actionnaires ne disposant que de dividendes pour consommer. Pour ceux-là, ils doivent attendre que le conseil d'administration veuille bien leur distribuer leur part de bénéfices avant de pouvoir consommer.

Cependant, ce conseil d'administration doit lui-même attendre que la production soit vendue, et les frais payés, pour connaître les bénéfices distribuables.

Dans l'économie actuelle, qui accorde une place croissante à la rémunération des dirigeants et une place moindre à celle des salariés-actionnaires, ce délai pose un problème. En effet, lorsqu'une part croissante des consommateurs sont aussi des actionnaires qui attendent leurs dividendes pour pouvoir consommer, le risque est grand de voir surgir le spectre de l'essoufflement de la demande.

Le négationnisme de la surproduction générale, issu du paradigme de la noria, n'encourage pas les débats.

Les marchandises restent sur les étagères, et les travailleurs restent chez eux, parce que les actionnaires, et maintenant, de plus en plus, les actionnaires-salariés, n'ont pas reçu de dividendes, et ne peuvent pas les recevoir avant la fin de la période. Ce risque est d'autant plus grand que tous les exercices comptables s'arrêtent presqu'au même moment.

Il faut se rendre compte que nous ne sommes plus dans une économie fordiste, et que la part des salaires, stabilisateurs de l'économie et pourvoyeurs de croissance via la consommation, est aujourd'hui battue en brèche par celle des profits financiers issus d'avances improductives. Pour reprendre un cliché dont on nous rebat les oreilles, Henry Ford disait : « je paye grassement mes salariés pour qu'ils m'achètent mes voitures ». Il voulait d'abord dire par là, conformément à l'oracle de l'économie classique, que la production crée sa propre demande. Mais le fordisme invente aussi un équilibre, un cycle vertueux de distribution monétaire dans lequel les salaires sont privilégiés. La construction de l'Etat-providence, avec ses dispositifs assurantiels, contribue aussi à cette stabilisation, en permettant aux individus de continuer à consommer et donc de maintenir à flot l'économie en période de difficultés.

Le problème aujourd'hui est que la part des salaires, dans la distribution des revenus offerts par l'entreprise, est moindre. Le choix de la création de valeur actionnariale, comme celui de la rémunération sous forme d'actions, pose dès lors deux problèmes.

1. Le premier est que la création de valeur ne se fait pas tant sous la forme de dividende que sous celle de plus-value ; ce qui ne favorise pas la remise en circulation de liquidités dans le circuit économique, mais contribue au contraire à immobiliser le capital dans des portefeuilles à l'intérieur desquels il est certes de plus en plus mobile, mais dont il ne sort pas.

2. Second problème : la remise des dividendes (et des primes, d'ailleurs), par rapport à une logique de rémunération salariale, favorise la trésorerie de l'entreprise, au détriment de la circulation économique. En d'autres termes, il vaut mieux, pour soutenir l'activité, des salaires mensuels que des dividendes annuels. Et là, l'acompte sur dividende généralisé peut servir de stabilisateur intercalaire. Il se peut même que l'effet stimulant sur la recherche de débouchés pour les reconstituer impulse la croissance.

Si l'on considère que les bénéfices de l'exercice ne peuvent être partagés avant d'être connus, et qu'ils ne peuvent être connus avant d'être dépensés sous forme d'avances financières, on doit bien admettre que le système économique, puisqu'il fonctionne quand même tant bien que mal, fournit quelque part à la demande et à la consommation des adjuvants monétaires non directement rattachés à l'offre et à la production vendue.

Ces adjuvants, quels sont-ils ?

1. Le premier, et le plus visible, de ces adjuvants est « l'acompte sur dividendes ». Pour les entreprises cotées à Paris, j'ai calculé, entre 2003 et 2017, que 30 entreprises avaient ainsi avancé, chaque année, en moyenne 100 jours avant la date de clôture des comptes annuels, un montant total de 10 milliards d'euros à leurs actionnaires.

On peut donc dire que ceux-ci ont reçu une avance sur leur part de profit avant même que les produits fussent fabriqués et que les fournisseurs de l'entreprise --réglés parfois jusqu'à 120 jours et plus après leur livraison-- n'aient été payés.

2. Le deuxième adjuvant concerne les autofinancements d'entreprise non financés directement par les ménages ou les banques. Les cadres sont très impliqués dans ces décisions qui se prennent sur la base de leurs propres calculs de rentabilité. Nous sommes ici dans le « business to business ». Tout se passe comme si les avances d'une entreprise à une autre rendaient possible l'ouverture réciproque des débouchés. La marge avancée par les unes représente une part de la marge constatée par les autres.

3. Un troisième adjuvant peut être repéré au niveau des petites entreprises, des commerçants et des artisans, mais l'appareil statistique en ce qui les concerne est fort réduit. Il s'agit des avances que cette multitude d'agents se font quotidiennement à eux-mêmes et que l'on enregistre dans « le compte de l'exploitant », comme une charge déductible des bénéfices calculés à la fin de l'exercice comptable.

Le point commun de ces trois sources de liquidités pour l'économie est qu'elles sont relativement méconnues et qu'elles échappent actuellement au regard de l'observateur.

Or, il s'agit des trois principaux facteurs qui permettent aux marchés de trouver leur relatif équilibre. S'il y a stagnation, mévente, marasme et essoufflement, c'est probablement parce que ces éléments font défaut.

La réaction primaire à cette observation est de dire : « le système bancaire fournit le crédit nécessaire ». Certes, mais les banques cherchent elles-mêmes à réaliser une marge, comme n'importe quelle entreprise.

Et leurs actionnaires, comme ceux de toutes les autres sociétés, sont dans l'attente de dividendes constatés après l'exercice. Pour maintenir leur train de vie, pendant l'exercice, ils ont à leur disposition les acomptes sur dividendes. Ce qui permet d'ailleurs, en rajoutant ces montants à tous les autres, et sans qu'ils en soient vraiment conscients, de fournir des adjuvants à la demande globale, mais contribue aussi à imposer dans les banques des critères de gestion et des ratios de liquidité qui empêchent nombre d'établissements d'accéder au crédit, ou les précipitent entre les mains des intermédiaires et autres sociétés d'affacturage. La mauvaise distribution de l'offre de crédit contribue ainsi à priver l'économie d'une respiration pourtant nécessaire, en canalisant les liquidités et en les immobilisant, au lieu de les faire circuler.

Les avances financières d'une entreprise à ses actionnaires, salariés ou pas, permet d'ouvrir des débouchés aux autres. En même temps, les impératifs de leur reconstitution stimulent l'augmentation de la production. La matérialité de ces grandeurs ne peut plus faire de doute.

Voici ce que disait quelques mois avant sa mort, Jean-Baptiste Say, au Collège de France :

« Or, Messieurs, les fonctions d'un capital sont de fournir la valeur de ces avances ; de se laisser consommer pour renaître sous d'autres formes ; de se laisser consommer de nouveau pour renaître encore ; et ainsi de suite éternellement, pourvu que la même valeur capitale soit assez habilement employée pour renaître constamment et pour être employée d'une manière productive.

En moins de mots un capital est une somme de valeurs consacrées à faire des avances à la production. »[56]

[56] Leçons d'Économie Politique. Cours au Collège de France [1832] Economica 2003 PP.454-455

BIBLIOGRAPHIE

Boutillier Sophie, Uzunidis Dimitri. *L'entrepreneur « force vive » du capitalisme*. Ed. Benevent. 2010

Braudel, Fernand *Civilisation matérielle, économie et capitalisme, XVème-XVIIème siècle, LE TEMPS DU MONDE* Armand Colin Paris 1979

Denis, Henri *La loi de Say sera-t-elle enfin rejetée ?* Economica 1999

Jorion, Paul *Misère de la Pensée économique* Fayard 2012

Keynes, John M. *Théorie Générale de l'emploi, de l'intérêt et de la monnaie* Payot 1998

Lease, R.C. *Política de dividendos*, Gestión 2000, Barcelone 2001

Marx, Karl *Le capital, livre deuxième* Editions Sociales 1969

Say, Jean-Baptiste, *Cours d'Economie Politique Première Lettre à Malthus*, (1820). GF-Flammarion. (1996).

Traité d'économie politique. 4ème éd.

Cours Complet d'Economie Politique pratique Guillaumin 1840

REMERCIEMENTS

Je remercie Dimitri Uzunidis, Professeur à l'Université du Littoral Côte d'Opale (ULCO) à Dunkerque, pour son soutien indéfectible.

Je remercie l'Association du Réseau de Recherche pour l'Innovation (RRI), aujourd'hui présidée par Blandine Laperche, réseau auquel j'adhère depuis de nombreuses et fructueuses années.

Je remercie Lucien Scubla. pour nos échanges sur la République des Lettres.

Je remercie ma femme, Chantal, sans qui cela n'aurait pu voir le jour.

In memoriam, Pierre Tabatoni, Membre de l'Institut, pour son esprit d'ouverture.

TABLE DES MATIÈRES

INTRODUCTION 9
L'acompte sur dividende 10

CHAPITRE 1
L'origine maritime des dividendes..17
L'émergence des institutions 19
Les innovations britanniques 21

CHAPITRE 2
Le paradigme de la noria..25
L'ampleur des dividendes des voyages 27
L'intervention de l'Etat renforce l'illusion paradigmatique 29
De l'économie maritime à l'économie industrielle.........................32
Le paradigme de la noria entretient le corporatisme......................33

CHAPITRE 3
Les débats théoriques des économistes classiques..........................35
La théorie de J.B. Say 35
Les habiles négociants 35
L'illusion classique...36
La surproduction chez Jean de Sismondi (1773-1842)....................41
Thomas R. Malthus (1766-1834) et la demande............................42
Produits et profits..43

CHAPITRE 4
Les profits payés d'avance 49
GTT (GAZTRANSPORT & TECHNIGAZ) 49
La nature des dépenses-et des recettes...51
La cohorte des onze panels 2007-2017...52
Dividende et salaire 66

CHAPITRE 5
À la recherche du nouveau paradigme 69
Discours de Mario Draghi aux Prix Nobel d'économie..............................69
Commentaire sur les nouvelles avancées dans la recherche 77

CHAPITRE 6
La finance d'entreprise..79
Le contexte général de la prise de décision financière 81
Décision de dividende et rentabilité des investissements 82
Quels sont les rapports entre la décision de dividende
et le financement de l'entreprise ? 83
Racheter des actions au lieu de payer des dividendes..............................87
Payer des dividendes — et des Acomptes sur dividendes —
par émission d'actions nouvelles 88
La reconstitution des avances 93
La détermination macroéconomique du profit maximum 98

CHAPITRE 7
L'algorithme de l'isomarge..99
Prix, quantités, marge 99
La figure de l'« isomarge »..103

CHAPITRE 8
Le tableau inter-entreprises..109

CHAPITRE 9
L'entrepreneur schumpetérien et les actionnaires...115
Finance et répartition des actionnaires..116
La distribution de l'acompte sur dividende 119

CHAPITRE 10
L'océan de profits 123
La financiarisation sans la reconstitution des avances..............................123
Le témoignage de Paul Jorion (1946-)...126

CHAPITRE 11
Keynes et le paradigme de la noria 129
L'autre explication de « la propension à consommer inférieure à 1 »....133
De la théorie keynésienne à la théorie réaliste..136

CHAPITRE 12
Marx et la science économique...139
Les avances financières dans les schémas de la reproduction 140
Réflexions sur les schémas de la reproduction 142

CONCLUSION
Le risque de la participation 153

BIBLIOGRAPHIE 159

REMERCIEMENTS 161

Revue « Marché et Organisations »
L'Harmattan

Cahiers d'économie et de gestion thématiques dont le but est de promouvoir la recherche originale sur les relations de plus en plus étroites qui se tissent entre le marché et les organisations. Les acteurs économiques de taille, de puissance et de pouvoir différents dont les intérêts peuvent être convergents, complémentaires ou, le plus souvent, antagoniques, ont tendance à organiser les marchés. La raison du marché, pourtant, est la référence stratégique pour l'entreprise ainsi que pour les institutions publiques de décision économique.

Numéros parus :

N°1 : Artisanat. La modernité réinventée, 2006
N°2 : La petite entreprise, elle a tout d'une grande. De l'accompagnement aux choix stratégiques, 2006
N°3 : Tourisme et Innovation. La force créative des loisirs, 2007
N°4 : Le travail. Formes récentes et nouvelles questions, 2007
N°5 : Les universités et l'innovation. L'enseignement et la recherche dans l'économie des connaissances, 2007
N°6 : Entrepreneuriat et accompagnement. Outils, actions et paradigmes nouveaux, 2008
N°7 : Développement durable des territoires. Economie sociale, environnement et innovations, 2008
N°8 : Développement durable et responsabilité sociale des acteurs, 2009
N°9 : Gouvernance : exercices de pouvoir, 2009
N°10 : Le travail collaboratif. Une innovation générique, 2009
N°11 : Economie sociale et solidaire. Nouvelles trajectoires d'innovations, 2010
N°12 : Relations à la marque et marques de la relation. Regards croisés sur le management relationnel de la marque, 2010
N°13 : Les contrats au service de la recherche ?, 2011
N°14 : Le potentiel économique de l'Afrique subsaharienne, 2011
N°15 : Management de la distribution, 2012
N°16 : Territoire Vert. Entreprises, Institutions, Innovations, 2012
N°17 : Eco-conception, conception et innovation. Les nouveaux défis de l'entreprise, 2013
N°18 : Intelligence économique : entreprises et territoires, 2013
N°19 : La finance globale. Un monde fini, 2013
N°20 : La crise du « développement », 2014
N°21 : La Chine innove. Politiques publiques et stratégies d'entreprise, 2014
N°22 : Go East! Nouvelles Economies de Marché, 2015
N°23 : L'économie du changement, 2015
N°24 : Le temps des artisans. Permanences et mutations, 2015
N°25 : Innovations de proximité et esprit d'entreprise, 2016
N°26 : L'avenir des économies du Maghreb : entre inertie structurelle et envie de rupture, 2016/3 (n° 27)
N°27 : Le sport aux frontières du marché du travail, 2016
N°28 : Dynamiques internationales des entreprises, 2017
N°29 : L'univers du risque, 2017
N°30 : Les petites entreprises dans l'histoire industrielle, 2017
N°31 : Economie sociale et *social business* ? Au défi d'entreprendre et se financer

Collection « L'esprit économique »

fondée par Sophie Boutillier et Dimitri Uzunidis en 1996
dirigée par Sophie Boutillier, Blandine Laperche, Dimitri Uzunidis

Dernières parutions

► ***Série Economie et Innovation***
F. PAUN, L. ALEXANDRE-LECLAIR, I. VAILEANU-PAUN, *Innover ou périr. Paroles d'experts*, 2014.
F. ABADA, *Individualiser son offre au moindre coût*, 2015.
S. MAHREZ, La division cognitive du travail dans le capitalisme postfordiste, 2016.
M.-J. POLLET-VILLARD, *L'innovation dans les services. cadre d'une analyse dynamique fondée sur les réseaux*, 2017.
B. CHRISTOPHE, *La décroissance écologique transforme l'entreprise*, 2017.
G. ACHERMANN, *Territoires d'innovation en Russie, Ambitions et contraintes d'une politique de clusterisation*, 2018.
C. ABDOU LAHAD THIAW, *Innovation localisée pour le développement économique du Sénégal*, 2018.
► ***Série Le Monde en Question***
T. BRUGVIN, *Le commerce équitable et éthique. Opportunités et limites*, 2014.
W. AMEDZRO St-HILAIRE, *Le capital global et sa régulation*, 2014.
W. AMEDZRO St-HILAIRE, *Reconstruire l'Afrique. Nouvelle gouvernance et projet de développement*, 2014.
M. SANTI, *Misère et opulence. Chroniques d'austérité globalisée*, 2015
J.-M. BOUSSARD, *Les prix agricoles. Nouveau dialogue sur le commerce des bleds*, 2017
C. BASTIDON, O. GBAGUIDI A. GHOUFRANE, A. SILEM (dir.), *Commerce, investissement et développement durable en Afrique*, 2017.
L. BOURQUIN, *Europe 3.0 : le grand réveil*, 2017.
A. ROSOWSKY, *De l'économie de pillage a la société désagrégée, un essai sur la révolution thatchérienne*, tomes 1 & 2, 2017.
► ***Série Krisis***
A. MARQUEZ-VELASCO, *Politique et économie. 10 mesures phares pour un monde meilleur*, 2015.
R. GOODFELLOW, *Le cycle des crises aux États-Unis depuis 1929. essai de systématisation de la conjoncture*, 2016.
M. LAUDET, *Aux origines de l'économie politique : Antoine de Montchrestien et son « traicte de l'oeconomie politique »*, 2016.
J. HUERTA DE SOTO, *La théorie de l'efficience dynamique*, 2017.
Y. LEVANT, S. TREBUCQ, *Théorie comptable et sciences économiques du XVe au XXIe siècle, mélanges en l'honneur du professeur Jean-Guy Degos*, 2018.
► **Série *Clichés***
S. BOUTILLIER, D. UZUNIDIS (dir.), *La Russie européenne. Du passé composé au futur antérieur*, 2008.
R. VOLPI, *La négociation. Pain, paix, liberté*, 2009.
► ***Série Cours Principaux***
P. BOUVIER-PATRON, *Economie et management de l'entreprise innovante. Réseaux, territoire et développement durable*, 2014.
J. KIAMBU, *Eléments d'analyse économique*
J.-P. MOCKERS, *Court traite d'économie et de politique économique*, 2016.
P.-Y. CARASCO, Prix de transfert et stratégies d'optimisation fiscale de la firme multinationale, 2017.
O. ESNEU, *Fondements de droit. Manuel d'initiation*, 2018.
B. LANDAIS, *Les fluctuations économiques, une synthèse nouvelle*, 2017.
► ***Série L'économie formelle***
J. BERNARD, *La croissance. 10 points cruciaux*, 2013.
P.-A. LAMBERT, *Le temps de la rigueur. Fiscalité, protection sociale, mondialisation*, 2014.
F. BISMANS, *La grande récession : un autre regard sur des temps troubles (2007-2013)*, 2016.
B. SCHWENGLER, *De l'inflation à la dette publique : analyse des discours politiques*, 2016.
S. PARK, *Les abus de puissance économique dans les relations commerciales déséquilibrées*, 2018.

Structures éditoriales du groupe L'Harmattan

L'Harmattan Italie
Via degli Artisti, 15
10124 Torino
harmattan.italia@gmail.com

L'Harmattan Hongrie
Kossuth l. u. 14-16.
1053 Budapest
harmattan@harmattan.hu

L'Harmattan Sénégal
10 VDN en face Mermoz
BP 45034 Dakar-Fann
senharmattan@gmail.com

L'Harmattan Cameroun
TSINGA/FECAFOOT
BP 11486 Yaoundé
inkoukam@gmail.com

L'Harmattan Burkina Faso
Achille Somé – tengnule@hotmail.fr

L'Harmattan Guinée
Almamya, rue KA 028 OKB Agency
BP 3470 Conakry
harmattanguinee@yahoo.fr

L'Harmattan RDC
185, avenue Nyangwe
Commune de Lingwala – Kinshasa
matangilamusadila@yahoo.fr

L'Harmattan Congo
67, boulevard Denis-Sassou-N'Guesso
BP 2874 Brazzaville
harmattan.congo@yahoo.fr

L'Harmattan Mali
Sirakoro-Meguetana V31
Bamako
syllaka@yahoo.fr

L'Harmattan Togo
Djidjole – Lomé
Maison Amela
face EPP BATOME
ddamela@aol.com

L'Harmattan Côte d'Ivoire
Résidence Karl – Cité des Arts
Abidjan-Cocody
03 BP 1588 Abidjan
espace_harmattan.ci@hotmail.fr

L'Harmattan Algérie
22, rue Moulay-Mohamed
31000 Oran
info2@harmattan-algerie.com

L'Harmattan Maroc
5, rue Ferrane-Kouicha, Talaâ-Elkbira
Chrableyine, Fès-Médine
30000 Fès
harmattan.maroc@gmail.com

Nos librairies en France

Librairie internationale
16, rue des Écoles – 75005 Paris
librairie.internationale@harmattan.fr
01 40 46 79 11
www.librairieharmattan.com

Lib. sciences humaines & histoire
21, rue des Écoles – 75005 Paris
librairie.sh@harmattan.fr
01 46 34 13 71
www.librairieharmattansh.com

Librairie l'Espace Harmattan
21 bis, rue des Écoles – 75005 Paris
librairie.espace@harmattan.fr
01 43 29 49 42

Lib. Méditerranée & Moyen-Orient
7, rue des Carmes – 75005 Paris
librairie.mediterranee@harmattan.fr
01 43 29 71 15

Librairie Le Lucernaire
53, rue Notre-Dame-des-Champs – 75006 Paris
librairie@lucernaire.fr
01 42 22 67 13

www.ingramcontent.com/pod-product-compliance
Lightning Source LLC
LaVergne TN
LVHW021219061026
849535LV00008B/2823